힘내라! 독학 중국어 첫걸음

다락원 중국어출판부 편   정명숙 감수

다락원

머리말

여러분은 '중국'하면 무엇이 가장 먼저 떠오르나요? '빨간색 국기', '세계에서 가장 많은 인구', '판다', '천안문 광장' 등의 이미지들인가요? 혹은 짱구어롱, 콩리, 장쯔이, 리리엔지에 등 한국에서 최고의 인기를 누렸던 중국의 영화배우들을 떠올리는 분들도 있겠죠? 그들이 출연한 영화를 보면서 '그들이 하는 말을 자막 없이도 알아듣고 싶다'는 마음을 갖고 중국어를 배우고자 마음먹은 분들도 있을 것입니다. 한 나라의 언어를 배울 때 '동기'의 중요성은 매우 큽니다. 필요에 의해 어쩔 수 없이 배우는 사람과, 자신이 너무나 하고 싶고 원해서 배우는 사람은 마음가짐부터 다르기 때문입니다.

언어를 배우려면 우선 그 나라에 대해 관심을 가져야 하는 이유가 바로 여기에 있습니다. 언어에는 그 나라의 사회와 문화, 사람들이 살면서 이어져온 역사나 풍습 등이 어우러져 있기 때문입니다. 단어나 문장만 달달 외운다고 언어를 잘 하는 것이 아닙니다. 그 나라의 사람들과 그들의 문화, 그들의 특성 등을 잘 이해하고 그들과 마음으로 소통할 수 있어야 진정한 언어를 구사할 수 있게 되는 것입니다.

이 책은 중국어에 대한 학습정보를 다 쏟아 넣으려고 하지 않았습니다. 과욕으로 인해 한 과도 끝내지 못하고 포기하게 만드는 기존 교재의 폐단을 확실히 떨쳐냈습니다. 입문자가 쉽게, 질리지 않고 즐기면서 따라갈 수 있을 만큼만 학습량을 주고, 나머지는 반복학습과 문화이해로 꽉꽉 채웠습니다. 그렇게 하여 학습자들에게 중국어에 대한 어학지식만을 전달하는 것이 아니라 중국인들의 생활상과 그들의 문화를 소개하려고 노력했습니다.

이 책을 손에 쥔 분들 중에는 '중국이 뜬다고 하니 중국어나 한 번 배워볼까?'하고 공부를 시작한 학습자도 분명히 있을 것입니다. 하지만 필요에 의해서 수단으로서만 언어를 배우려고 하면 금세 싫증이 나고 조금만 어려워져도 곧 포기하게 됩니다. 지금도 늦지 않았습니다. 지금부터라도 '중국'이라는 나라 자체에 관심을 가져보세요. 영화도 좋고, 노래도 좋고, 역사도 좋습니다. '문화'에 관심을 갖고 언어에 접근하면 언어가 훨씬 더 쉽게 느껴질 것입니다. 이 책이 여러분의 '중국'에 대한 관심도를 조금이나마 높여줄 수 있기를, 더 나아가 이제 중국어에 첫걸음을 떼기 시작한 여러분이 이 책을 계기로 멈추지 않고 계속 공부해 나가 진정한 '중국통'이 될 수 있기를 간절히 바랍니다.

다락원 중국어출판부

추천의 말

외국어전문출판 및 멀티미디어시대의 학습프로그램 분야에서 대한민국 최고의 전통을 자랑하는 (주)다락원이 야심차게 펴낸 본 서의 탄생을 축하합니다. '유치원부터 박사까지' 약 40년 간 중국어학을 학습하고 가르쳐온 저의 경험에서 살펴본 이 책의 장점은 다음과 같습니다.

우선, 구성 면에서 책이 아기자기하고 예뻐서 중국어를 이제 막 시작하는 분이나 한자는 어렵다는 선입견을 가지고 계신 분도 예쁘게 디자인된 이 책을 대면하는 순간 일거에 한자에 대한 공포감이 사라질 만큼 시각적인 매력을 지니고 있습니다. 이렇게 말씀 드리면 겉모습이 뭐 그렇게 중요하냐, 중요한 것은 책의 실질적인 내용이다라고 말씀하실 수 있겠는데요, 내용면에서는 특장점이 더욱 두드러집니다.

1과부터 15과까지 꼼꼼하게 감수를 하면서 본 서는 타 교재와 확연히 구별되게 참 알차다는 느낌을 가졌습니다.

첫째, 탄탄한 구성과 상세한 설명을 들 수 있습니다. 본 서는 한어병음의 발음에서부터 기초회화, 심지어 단어의 발음까지도 학습자를 위해 꼼꼼하게 설명하고 있습니다. 이렇게 자세한 설명을 바탕으로 문장을 차근차근 학습하고 암기까지 한다면 이 책 한 권으로 중국어 기초회화는 마스터될 것으로 확신합니다.

둘째, 매 과 처음에 나오는 중국에 대한 소개도 책을 공부해 나가면서 느낄 수 있는 또 하나의 즐거움이 될 수 있습니다. 중국어도 배우고 중국의 영화나 문화 등에 대해서도 폭넓게 이해할 수 있기 때문에 그야말로 일석이조의 효과를 거둘 수 있습니다. 의사소통을 목적으로 한 가지 언어를 습득하는 경우 해당 언어의 언어적 특성뿐 아니라 그 언어를 사용하는 나라의 문화와 정서까지도 이해한다면 학습의 시너지효과가 더 커지기 때문입니다.

중국 격언에 "不怕慢，只怕站"이라는 말이 있는데, '느린 것은 허물이 되지 않는다. 포기만이 허물이 될 뿐이다'라는 뜻입니다. 아무리 잘 만들어진 학습교재가 있다고 한들 공부를 하지 않으면 무슨 소용이 있겠습니까? 책의 효과를 100% 발휘할 수 있는 분은 바로 여러분 자신입니다.
여기 『힘내라! 독학 중국어 첫걸음』이 있습니다. 권태가 느껴질지라도 약간의 유혹이 밀려올지라도 초반에 절대 포기하지 마십시오. 이 좋은 책으로 중국어기초를 다진다면 머지 않은 시간 안에 중국인과 대화하고 있는 자신을 발견할 수 있을 것입니다. 이제 자신감을 가지고 중국어를 시작하세요!

중어중문학박사 정명숙

이 책의 추가구성

동영상 강의

중국어는 혼자 공부하기에는 무리가 있죠. 그래서 중국어를 처음 시작하는 많은 학생들이 학원의 문을 두드리곤 합니다. 이제 그럴 필요 없습니다. 『힘내라! 독학 중국어 첫걸음』에서 제공하는 동영상 강의를 들어보세요. 강의 경험이 풍부한 베테랑 선생님이 이해하기 쉬운 명쾌한 설명으로 여러분의 중국어 공부를 도와드릴 거예요.

스마트폰: QR코드 리더기로 각 UNIT의 첫 페이지에 있는 QR코드를 찍으면 온라인 상의 동영상 강의를 시청할 수 있습니다. 또한, 다락원 모바일 홈페이지에서 "힘내라! 독학 중국어 첫걸음"을 검색하면 동영상 강의를 시청할 수 있습니다.

PC: 다락원 홈페이지와 유튜브에서 "힘내라! 독학 중국어 첫걸음"을 검색하면 동영상 강의를 시청할 수 있습니다.

강의 음성 파일

동영상 강의의 음성 부분만 따로 뽑아 MP3 파일로 만들었습니다. 컴퓨터를 켤 수 없는 상황이더라도 선생님의 생생한 강의를 음성으로 들으며 공부할 수 있습니다.

교재 MP3 파일

이 책의 MP3 파일은 단순히 중국어만 읽어주는 타 첫걸음 교재와는 달리 강의식으로 구성되어 있습니다. 요점을 짚어주는 설명과 더불어 모든 중국어 원문에 대한 한글 해석이 함께 녹음되어 있어 책을 보지 않고 MP3 파일만 들어도 학습이 가능하도록 구성되어 있습니다. MP3 파일을 항상 휴대하고 다니면서 시간이 날 때마다 녹음을 들으며 따라 읽는 연습을 해보세요.

간체자 쓰기 노트

본문에 나왔던 간체자를 연습해 볼 수 있는 쓰기 노트입니다. 각 글자의 획순에 주의해서 쓰는 연습을 해보고 글자의 뜻을 보며 본문에서 배웠던 내용도 떠올려보세요. 각 과별로 나왔던 단어들을 정리해 놓았으므로 간체자도 공부하고 본문 복습도 할 수 있는 일석이조의 기회랍니다.

미니북(여행 중국어)

별책부록으로 제공되는 미니북은 중국여행 시 꼭 쓰게 되는 회화와 어휘를 중심으로 엮었습니다. 여행자가 해야 하는 말과 중국인으로부터 들을 수 있는 말을 구분되게 표시해 두었기 때문에 처음 중국여행을 가시는 분들께 큰 도움이 될 것입니다. 말이 통하지 않을 때에는 전달하고자 하는 단어를 어휘표에서 찾아 손으로 콕 찍어서 보여주세요. 중국여행 갈 때 이 책 한 권만 들고 가면 어디를 가든, 누구를 만나든 걱정 없을 거예요.

# 차례

3 머리말
5 이 책의 추가구성
4 추천의 말
8 이 책의 활용법

10
UNIT 01 중국어의 발음
- 기본 운모와 성모 배우기 • 성조배우기 • 복운모, 비운모, 결합운모 배우기

22
UNIT 02 你好! 안녕하세요!
- 중국어의 발음 (1) 3성의 변화 (2) '一'와 '不'의 성조변화 • 기본적인 인사말
- 중국 문화 엿보기 - 중국은 어떤 나라일까?

32
UNIT 03 你叫什么名字? 당신의 이름은 무엇인가요?
- 중국어의 발음 (1) 권설운모 (2) '儿'화 (3) 격음부호 • 중국어의 문장구조 이해하기
- 안부 묻기 • 자신의 이름 소개하기 • 중국 문화 엿보기 - 중국의 성씨

44
UNIT 04 你是韩国人吗? 당신은 한국인인가요?
- 국적 말해보기 • 누구, 무엇 등의 의문사 배우기 • 사물, 사람 설명하기
- 중국 문화 엿보기 - 중국의 소수민족

56
UNIT 05 你喜欢什么? 당신은 무엇을 좋아하나요?
- 취미, 기호 등 물어보기 • 하루 일정 설명하기 • 장소를 나타내는 표현 배우기
- 중국 문화 엿보기 - 중국인들의 문화생활

68
UNIT 06 你去哪儿? 당신은 어디에 가나요?
- '哪儿'을 이용하여 장소 묻고 답하기 • 행선지 묻고 답하기 • 연이어 발생하는 동작 표현하기
- 중국 문화 엿보기 - 중국의 대표 도시

80
UNIT 07 今天几月几号? 오늘은 몇 월 며칠인가요?
- 년, 월, 일 표현하기 • 상대방에게 의견 제시하기 • 중국 문화 엿보기 - 중국의 명절

UNIT 08 你家有几口人? 당신은 가족이 몇 명 있나요?
- 가족 구성원 소개하기
- 직업 물어보고 소개하기
- ★ 중국 문화 엿보기 – 중국의 주거형태와 가정생활

UNIT 09 现在几点? 지금 몇 시인가요?
- 시간 표현하기
- 하루 일과 표현하기
- 시간 약속하기
- ★ 중국 문화 엿보기 – 중국인들의 아침 식사

UNIT 10 一共多少钱? 모두 얼마인가요?
- 중국의 화폐단위와 돈 세는 방법 익히기
- 여러 가지 양사를 이용하여 표현하기
- 물건 사기
- ★ 중국 문화 엿보기 – 중국의 시장

UNIT 11 你今年多大? 당신은 올해 나이가 몇인가요?
- 상대방의 나이 물어보기
- 띠를 묻고 답하기
- 어림수 표현하기
- ★ 중국 문화 엿보기 – 베이징의 관광지

UNIT 12 请问, 电影院在哪儿? 말씀 좀 물을게요, 영화관이 어디에 있나요?
- 길 물어보기
- 방위를 나타내는 표현 익히기
- ★ 중국 문화 엿보기 – 중국을 대표하는 영화

UNIT 13 请问, 去颐和园怎么坐车? 말씀 좀 물을게요, 이허위엔까지 가려면 차를 어떻게 타야 하나요?
- 대중교통 이용하기
- 일이 발생한 순서대로 상황 설명하기
- 선택의문문 용법 이해하기
- ★ 중국 문화 엿보기 – 중국의 교통수단

UNIT 14 我感冒了。 감기에 걸렸어요.
- 증상과 진료 관련 표현 익히기
- 동사의 중첩 활용하기
- 상황의 발생이나 완성 표현하기
- 과거 경험 표현하기
- ★ 중국 문화 엿보기 – 중국의 병원 이용절차

UNIT 15 今天比昨天冷。 오늘은 어제보다 추워요.
- 날씨를 묻는 표현 익히기
- 비교 표현하기
- ★ 중국 문화 엿보기 – 중국의 대표 여행지

189 실력 다지기 정답 및 녹음 대본
201 색인

이 책의 활용법

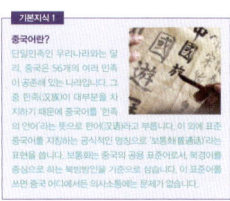

중국 문화 엿보기

각 과의 주제와 관련된 사진 및 사진에 대한 간단한 설명이 덧붙여져 있습니다. 생생한 사진을 통해 중국인들의 생활상과 그들의 특색 있는 문화를 간접적으로나마 체험해볼 수 있으니 본문에 들어가기 전 워밍업하는 식으로 가볍게 읽어보세요.

왕초보 필수표현

해당 과의 상황별 기본 문형을 배우는 코너입니다. 이 기본 틀에 살을 붙여서 더 길고 다양한 문장을 만들 수 있으므로 반드시 알아두어야 할 핵심 중의 핵심문장입니다. 그러니 박스 속 대화는 꼭 외워두세요.

왕초보 간단문법

기본 문형 안에 숨어있는 문법 사항들을 이해하기 쉽게 설명해 놓은 부분입니다. 간단하고 다양한 예문들이니 소리 내어 읽는 연습을 해보세요. 그리고 문법 사항은 꼭 외워야 한다는 부담감을 버리고 본문에 대한 이해를 돕는 양념 정도로 생각하고 가볍게 읽고 나중에 다시 공부할 때 궁금해지면 다시 돌아와서 복습하세요.

새 단어

각 페이지의 새로 나온 단어들을 정리해 둔 부분입니다. 필수표현 속 단어뿐 아니라 문법설명, 교체연습에 나온 단어들까지 모두 다 정리되어 있으니 모르는 단어가 나오면 그때그때 찾아 보세요.

바꿔서 말해보세요!

앞서 배웠던 기본 문형에 여러 가지 단어를 대입시켜 새로운 문장을 만드는 연습을 해보는 코너입니다. 혼자서 소리 내어 읽어보고 녹음을 따라서도 읽어보면서, 발음이 익숙해지도록 여러 번 반복하여 연습하세요.

그림으로 배우는 Feel(必) 어휘

기본 문형에서 배웠던 내용의 심화 단계로, 주제별 어휘를 배운 뒤 필수 표현을 확장 연습하는 코너입니다. 재미있는 그림 속 상황을 통해 자연스럽게 단어를 외울 수 있도록 하고 있습니다. 꼭 외우고 넘어가야 하는 것은 아니니까 보충단어로 생각하고 여러 번 소리 내어 읽어보세요.

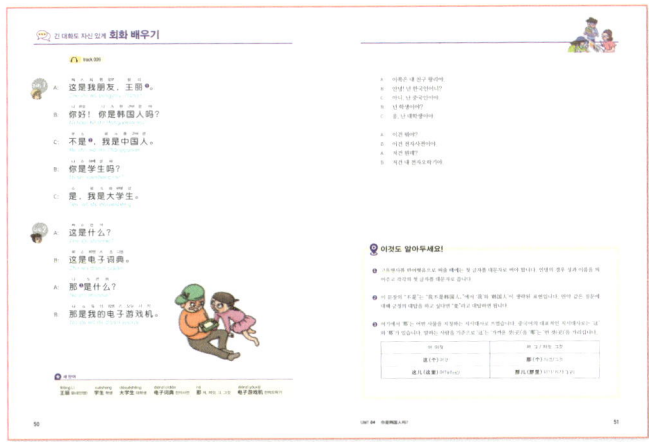

긴 대화도 자신 있게! 회화 배우기

기본 문형에서 배웠던 내용들을 토대로 살을 조금 더 붙인 회화입니다. 앞에서 열심히 공부했다면 어렵지 않게 읽고 이해할 수 있으니 문장이 길어졌다고 겁먹을 필요 없어요.

이것도 알아두세요!

회화 내용 중 예외적인 문법 사항에 대한 추가설명입니다. 간단하지만 알아두면 유용한 팁들이니 꼭 읽어보세요.

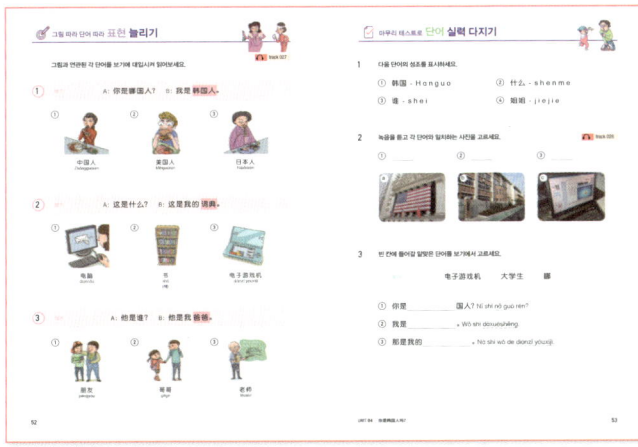

그림 따라 단어 따라 표현 늘리기

그림과 연관된 각 단어를 보기 문장에 대입시켜 읽어보는 연습입니다. 한 문형에 여러 단어들을 대입해서 반복학습 하다 보면 그 문형이 저절로 외워질 거예요.

마무리 테스트로 실력 다지기

각 과에 나왔던 단어와 문형들을 잘 이해하고 넘어갔는지 테스트하는 부분입니다. 과별로 발음 실력 다지기, 단어 실력 다지기, 듣기 실력 다지기, 쓰기 실력 다지기 등으로 구성되어 있습니다. 단어의 성조와 병음 맞추기, 녹음된 문장 듣고 써보기, 어순 맞추기 등 다양한 패턴의 연습문제를 통해 한 과를 정리해 보세요.

일러두기

중국어를 처음 접하는 학습자들을 위해 중국어에 한글발음을 달아 발음연습을 빨리 할 수 있도록 했습니다. 한국어에 없는 발음은 최대한 중국어 발음과 비슷하게 표시했으니 참고만 하고 최대한 녹음을 들으면서 중국어 발음을 정확히 낼 수 있도록 연습하세요. 또 중국어 발음에 익숙해지고 나면 가능한 한글발음을 보지 말고 한어병음만 보고 연습하세요!

01 UNIT 중국어의 발음

중국어는 발음이 매우 중요하므로 처음에 제대로 배워야 합니다. 녹음된 발음을 반복해서 듣고 입에 익을 때까지 여러 번 따라 읽어 보세요.

『힘내라! 독학 중국어 첫걸음』과 함께 하는 중국어의 세계에 발을 들여놓으신 걸 진심으로 축하드립니다~ 빰빠라밤빰!!! 중국어는 무엇보다 발음을 정확하게 배우는 것이 중요합니다. 하지만~ 본격적으로 중국어 학습에 들어가기 전에 '과연 중국어란 무엇인가?'에 대한 궁금증을 먼저 풀어드리는 시간을 가져야겠죠?

기본지식 1
중국어란?
단일민족인 우리나라와는 달리, 중국은 56개의 여러 민족이 공존해 있는 나라입니다. 그 중 한족(汉族)이 대부분을 차지하기 때문에 중국어를 '한족의 언어'라는 뜻으로 한어(汉语)라고 부릅니다. 이 외에 표준 중국어를 지칭하는 공식적인 명칭으로 '보통화(普通话)'라는 표현을 씁니다. 보통화는 중국의 공용 표준어로서, 북경어를 중심으로 하는 북방방언을 기준으로 삼습니다. 이 표준어를 쓰면 중국 어디에서든 의사소통에는 문제가 없습니다.

기본지식 2
간체자란?
우리나라, 대만, 홍콩 등에서 사용하는 한자를 일컬어 번체자(繁体字)라고 합니다. 번체자는 획수가 많고 비교적 복잡하기 때문에 현재 중국에서는 일부 글자의 복잡한 획수를 간단하게 줄여서 쓰기 편하고 쉽게 외울 수 있도록 고친 글자를 사용하고 있습니다. 이러한 글자를 간체자(简体字) 혹은 간화자(简化字)라고 합니다.

汉语 [Hànyǔ]
🔊 여성발음
🔊 남성발음

학 습 포 인 트	• 기본 운모와 성모 배우기 • 성조 배우기 • 복운모, 비운모, 결합운모 배우기	  동영상 강의

기본지식 3
한어병음이란?
10만 자가 넘는 한자의 발음을 어떻게 다 외울 수 있을까요? 막막해요~
이러한 질문에 대한 답으로 마련된 것이 바로 한어병음(汉语拼音)입니다. 한어병음은 라틴어의 자모음과 성조부호를 이용하여 표기하며, 성모와 운모, 성조로 이루어집니다.

기본지식 4
성모, 운모, 성조
- 성모란 우리말의 자음에 해당합니다.
- 운모란 성모를 제외한 음절의 나머지를 말합니다.
- 성조란 음의 높낮이를 말합니다.

1 기본 운모와 성모

track 001

① 운모

운모는 중국어 음절에서 성모(중국어 음절 첫 부분에 오는 자음)를 제외한 나머지 부분으로 여섯 개의 기본 운모가 있습니다.

» 기본 운모

a는 우리말의 '아'보다 입을 더 크게 벌리고 발음합니다. i는 우리말의 '이'보다 입을 양 옆으로 더 길게 벌리고 발음합니다.
ü는 입술을 작고 둥글게 앞으로 내밀어 '위'를 발음하되, 입술을 움직이지 않고 둥근 상태를 유지합니다.

② 성모

성모는 중국어 음절의 첫 부분에 오는 자음을 말합니다.

» 윗입술과 아랫입술 소리

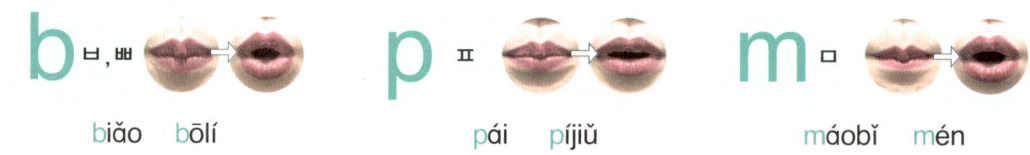

biǎo bōlí   pái píjiǔ   máobǐ mén

» 윗니와 아랫입술 소리

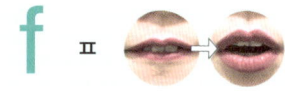

fóxiàng fàn

b, p, m, f를 단독으로 읽을 때에는 운모 o(오어)를 붙여 발음합니다.
영어의 [f]처럼 아랫입술에 윗니를 가볍게 대고 그 사이로 공기를 마찰시키면서 발음합니다.

>> 혀끝과 윗잇몸 소리

d ㄷ, ㄸ　　　　　　t ㅌ　　　　　　n ㄴ

　Déguó　diànnǎo　　　táng　táozi　　　niú　niǎo

l ㄹ

　lǐngdài　liù

>> 혀뿌리와 입천장 소리

g ㄱ, ㄲ　　　　　　k ㅋ　　　　　　h ㅎ

　gēbì　gāngbǐ　　　kǒu　kǎ　　　huā　hē

d, t, n, l, g, k, h를 단독으로 읽을 때에는 운모 e(으어)를 붙여 발음합니다.
k와 h는 목으로 공기를 강하게 내뿜으며 소리를 내는데 혀뿌리와 입천장 끝 사이의 틈이 떨리는 게 느껴져야 합니다. 녹음을 잘 들어보세요.

>> 혓바닥과 입천장 소리

j ㅈ　　　　　　q ㅊ　　　　　　x ㅅ

　jìngzi　jìsuànqì　　　qī　qián　　　xié　xīfú

j, q, x를 단독으로 읽을 때에는 운모 i(이)를 붙여 발음합니다. 우리말의 '지, 치, 시'보다 입을 양 옆으로 더 길게 벌리고 발음하도록 신경 쓰세요.

첫걸음 내딛기

아래 일곱 개의 발음은 중국어만의 독특한 발음으로 신경을 많이 써야 합니다.

» **혀끝과 이 소리**

z ㅈ, ㅉ   c ㅊ   s ㅅ, ㅆ

yǐzi   zīliào   cídài   cǎo   yǔsǎn   sān

> z, c, s는 혀끝을 윗니 뒤에 붙인 상태에서 그 사이로 강하게 기류를 통과시키면서 발음합니다. 발음할 때 혀끝의 마찰이 느껴져야 합니다.

» **혀끝과 잇몸 뒤쪽 소리**

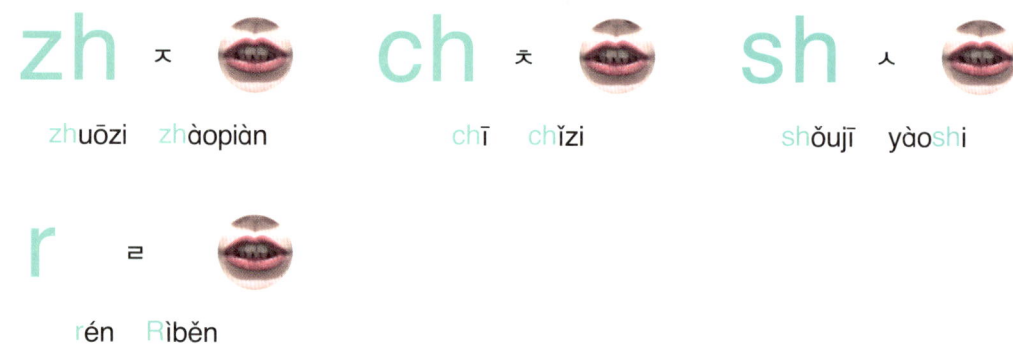

zh ㅈ   ch ㅊ   sh ㅅ

zhuōzi   zhàopiàn   chī   chǐzi   shǒujī   yàoshi

r ㄹ

rén   Rìběn

> zh, ch, sh, r는 혀끝을 입천장 앞쪽의 딱딱한 부분이 끝나는 위치에 붙였다가 떼어내면서 발음합니다(단, sh를 발음할 때에는 혀가 입천장에 닿지 않습니다).
> 이 발음들을 단독으로 읽을 때에는 i를 붙여 읽어주는데, 이때 i는 '으'처럼 발음됩니다.

TRY IT! 1 녹음을 듣고 각각의 발음을 적어보세요.   track 002

① _____   ② _____   ③ _____
④ _____   ⑤ _____   ⑥ _____
⑦ _____   ⑧ _____   ⑨ _____
⑩ _____   ⑪ _____   ⑫ _____

2 성조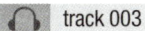

1 성조

성조는 중국어의 음절이 갖고 있는 소리의 높낮이를 말합니다. 중국어는 매 음절마다 성조가 있으며, 같은 발음이라도 성조가 다르면 의미가 달라집니다.

>> **4성의 이해**

우리가 일반적으로 배우는 보통화에는 네 개의 성조가 있는데 각각 제1성, 제2성, 제3성, 제4성이라 부릅니다. 성조는 모음 위에 표기합니다.

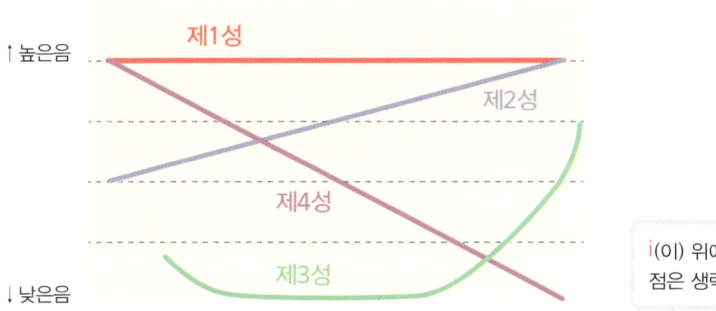

i(이) 위에 성조가 표기될 때에는 i 위의 점은 생략됩니다. 예 bǐ, nǐ, ……

성조 유형	표기법	발음 방법
제1성	ー	처음부터 끝까지 높은음을 유지해 발음합니다. 예 ā → mā (엄마)
제2성	／	처음은 비교적 낮은음으로 시작하다가 가장 높은 위치까지 단번에 올려줍니다. 예 á → má (삼, 마)
제3성	∨	가장 낮은 위치까지 내려갔다가 살짝 올려줍니다. 예 ǎ → mǎ (말)
제4성	＼	가장 높은음에서 가장 낮은음으로 소리를 뚝 떨어뜨립니다. 예 à → mà (꾸짖다)

>> **한어병음과 성조의 표기**

(1) 한어병음을 표기할 때에는 단어별로 띄어 쓰는 것을 원칙으로 합니다.
(2) 성조는 모음 위에 표시해 줍니다. 모음이 두 개 이상 이어질 때는 주요 모음,
　　즉 a → o → e → i, u 순으로 성조 표시를 해 줍니다. 예 hǎo, xiè, jiāng
(3) i와 u로 이루어진 운모의 경우에는 뒷 모음에 표기를 해 줍니다. 예 huí, jiǔ

2 경성

표준어에서 일부 음절은 원래의 성조를 잃고 가볍고 짧게 발음되는데, 이를 경성이라 하고 별도로 성조 표기를 하지는 않습니다.

>> **경성의 위치와 높이**

경성은 늘 다른 성조의 뒤에 오고, 앞 음절의 성조에 따라 소리의 높이가 달라집니다.
(그림에서 붉은 점이 경성의 높이입니다.)

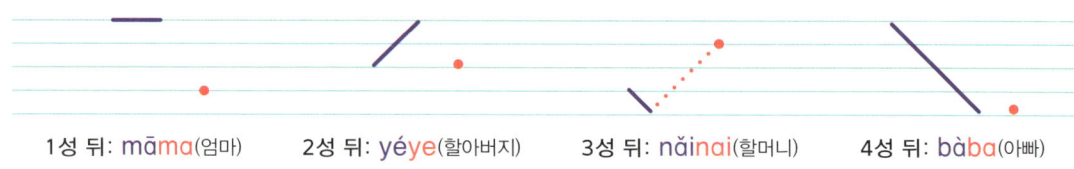

1성 뒤: māma(엄마)   2성 뒤: yéye(할아버지)   3성 뒤: nǎinai(할머니)   4성 뒤: bàba(아빠)

TRY IT! 2 녹음을 듣고 각각의 성조를 표기해 보세요.   🎧 track 004

① ke   ② ji   ③ zhu   ④ ta

⑤ lou   ⑥ xiu   ⑦ lei   ⑧ hao

⑨ baba ⑩ gege ⑪ bu shi ⑫ jingcha

3 복운모, 비운모, 결합운모

① 복운모

기본 운모가 2개 이상 합쳐진 운모를 말합니다.

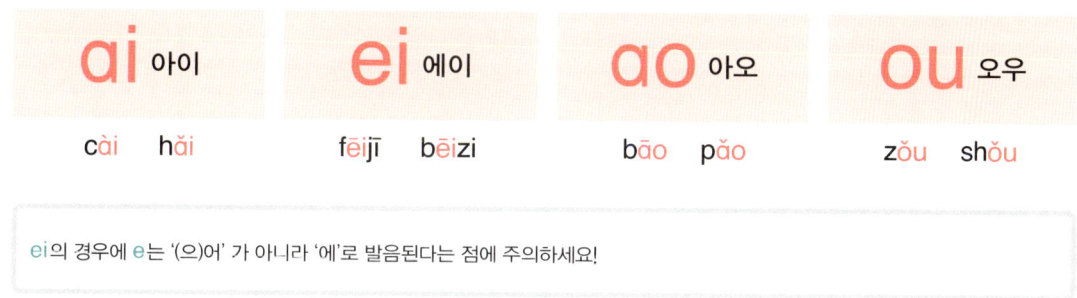

> ei의 경우에 e는 '(으)어' 가 아니라 '에'로 발음된다는 점에 주의하세요!

② 비운모

콧소리를 포함하는 운모를 말합니다.

3 결합운모

i, u, ü가 다른 운모와 결합하여 소리나는 운모를 말합니다.

» **i와 결합하는 결합운모**

ia 이아	**ie** 이에	**iao** 이아오
jiā qiàtán	yè jiějie	yàoshi xiào
iou(iu) 여우(이우)	**ian** 이엔	**iang** 이앙
yòu niúnǎi	yān jiàn	yáng jiāng
in 인	**ing** 잉	**iong** 이옹
yìn yínháng	yǐng píng	yǒng pínqióng

> iou 앞에 성모가 오면 표기할 때 가운데 o를 생략하고 iu로 써야 합니다. 이 경우 발음할 때도 o는 아주 약하게 발음됩니다.
> 예) j+iou → jiu
> ian은 '이안'이 아니라 '이엔'으로 발음됩니다.

✚ 이 표기법은 참고로 읽어두세요. 외우지 않아도 병음을 자주 접하면 자연스럽게 익혀집니다.

한어병음 표기법(1)

(1) i, in, ing이 단독으로 음절을 이룰 경우 i 앞에 y를 붙여줍니다.
  예) i, in, ing → yi, yin, ying

(2) i와 결합하는 결합운모 앞에 성모가 오지 않는 경우 i를 y로 바꿔서 표기해줍니다.
  예) ia, ie, iao, iou, ian, iang, iong → ya, ye, yao, you, yan, yang, yong

u와 결합하는 결합운모

ua 우아	**uo** 우어	**uai** 우아이
zhuā wàzi	wǒ zuò	chuài wàiwén
uei(ui) 우에이(웨이)	**uan** 우안(완)	**uang** 우앙(왕)
tuī guǐ	wán chuán	wáng chuáng
uen 우언(원)	**ueng** 우엉(웡)	
kùn wénzi	wēng wèng	

> uei는 앞에 성모가 오면 표기할 때 가운데 e를 생략하고 ui로 써야합니다. 예 d+uei → dui
> uen은 앞에 성모가 오면 표기할 때 e음을 생략하고 un으로 표기합니다. 예 ch+uen → chun
> ueng은 단독으로만 음절을 이루며 다른 성모와는 결합될 수 없습니다.

한어병음 표기법(2)

(1) u가 단독으로 음절을 이룰 경우 u 앞에 w를 붙여줍니다.
   예 u → wu
(2) u와 결합하는 결합운모 앞에 성모가 오지 않는 경우 u를 w로 바꿔서 표기해줍니다.
   예 ua, uo, uai, uei, uan, uen, uang, ueng → wa, wo, wai, wei, wan, wen, wang, weng

첫걸음 내딛기

» ü와 결합하는 결합운모

üan 위엔   üe 위에   ün 윈

yuán jiāojuǎn   yuèliang xuéxí   yún xùnsù

üe의 e는 '으어'가 아닌 '에'로 발음됩니다.

한어병음 표기법(3)

(1) ü가 단독으로 음절을 이루거나 ü 앞에 성모가 오지 않는 경우, ü 위의 두 점을 빼고 앞에 y를 붙여 yu로 표기해줍니다.
   예) ü, üe, üan, ün → yu, yue, yuan, yun

(2) ü와 결합할 수 있는 성모는 n, l, j, q, x 5가지 뿐입니다. 이 중 j, q, x가 ü와 결합하면 ü 위의 두 점은 생략해서 표기합니다.
   예) nǚ, lǜ, jūn, qù, xū

마무리 테스트로 **발음** 실력 다지기

track 006

1 녹음과 같이 아래의 각 음절에 1, 2, 3, 4성을 붙여서 소리 내어 읽어보세요.

① guan ② chuang ③ wen ④ suan

⑤ juan ⑥ quan ⑦ xue ⑧ jun

2 녹음을 듣고 각각의 발음 위에 성조를 체크해보세요.

① nan ② jiu ③ gao ④ shui

⑤ gou ⑥ la ⑦ zhi ⑧ zhen

3 녹음을 듣고 각 발음의 한어병음을 써보세요.

① _____ ② _____

③ _____ ④ _____

⑤ _____ ⑥ _____

4 녹음을 듣고 녹음과 일치하는 발음을 골라보세요.

① zhīshi (　) – zìsī (　)   ② shísì (　) – sìshí (　)

③ cūnzi (　) – chūnjì (　)   ④ pǎobù (　) – bǎobèi (　)

UNIT 01 중국어의 발음

02 UNIT

你好!
Nǐ hǎo!

안녕하세요!

세계 인구의 약 1/5을 차지할 만큼 많은 사람들이 살고 있는 중국. 그만큼 다양한 삶과 문화가 공존하고 있습니다. 가깝지만 모르고 있는 것이 더 많은 나라 중국에 대해 하나씩 파헤쳐볼까요?

국기 五星红旗
붉은 바탕은 혁명을, 가장 큰 별은 중국 공산당을, 주위의 네 개의 별은 중국 인민을 의미합니다.

영토 领土
약 960만㎢에 달하는 면적은 한반도의 44배 크기이고 세계에서 세 번째로 큽니다.

| 학 습 포 인 트 | • **중국어의 발음**
　(1) 3성의 변화
　(2) '一'와 '不'의 성조변화
• **기본적인 인사말** | 
동영상 강의 |

인구 人口
중국의 인구는 2016년 기준 약 13억 7천만 명으로 세계 총 인구의 약 20%를 차지하고 있습니다.

언어 普通话
중국에는 서로 소통이 안 될 정도로 전혀 다른 방언들이 많아 표준어를 정했는데 이를 보통화(普通话)라고 부릅니다.

 왕초보 필수 표현

1 안녕하세요!

A: 你好! 안녕하세요!
　　Nǐ hǎo!

B: 你好! 안녕하세요!
　　Nǐ hǎo!

track 007

✓ **중국어의 가장 간단한 인사말 "你好!"**

"你好!"는 가장 일반적인 인사말로, 동년배끼리나 선배가 후배, 윗사람이 아랫사람에게 인사할 때 쓰는 표현입니다. '你'는 '너, 당신'이라는 뜻으로, 상대방에 따라 '你' 대신에 '爸爸(bàba 아버지)', '妈妈(māma 어머니)', '大家(dàjiā 모두, 여러분)' 등을 넣어 인사할 수 있습니다.

새 단어

- **你** nǐ 너, 당신
- **好** hǎo 좋다, 안녕하다, 잘 지내다
- **你好** nǐ hǎo 안녕! [만났을 때 하는 인사]
- **爸爸** bàba 아버지
- **妈妈** māma 어머니
- **大家** dàjiā 여러분, 모두

바꿔서 말해보세요!

爸爸 Bàba 　好! hǎo!   아빠 안녕하세요!
妈妈 Māma 　　　　 엄마 안녕하세요!

2 여러분, 안녕하세요!

A: **老师好!** 선생님 안녕하세요!
　　Lǎoshī hǎo!
　　라오 스 하오

B: **你们好!** 여러분 안녕!
　　Nǐmen hǎo!
　　니 먼 하오

track 008

✓ 복수를 나타내는 '们'

중국어에서 복수를 나타낼 때에는 명사나 대사 뒤에 '们'을 붙여줍니다. 그러나 예외적으로 '您(nín 당신, 你의 존칭)'에는 '们'을 붙여줄 수 없습니다.

★ 새 단어

lǎoshī
老师 선생님

nǐmen
你们 너희들

péngyoumen
朋友们 친구들

인칭	단수	복수
1인칭	我 wǒ 나	我们 wǒmen 우리들
2인칭	你 nǐ 너 您 nín 당신	你们 nǐmen 너희들, 당신들
3인칭	他 tā 그 她 tā 그녀 它 tā 그것	他们 tāmen 그들 她们 tāmen 그녀들 它们 tāmen 그것들

바꿔서 말해보세요!

| 老师们 Lǎoshīmen | 好! hǎo! | 선생님들 안녕하세요! |
| 朋友们 Péngyoumen | | 친구들 안녕! |

라오스 먼 / 펑 요우 먼 / 하오

UNIT 02 你好!

📖 왕초보 필수 표현

3 고맙습니다!

A: **谢谢!** 고맙습니다!
　　Xièxie!
　　<small>씨에 시에</small>

B: **不客气!** 천만에요!
　　Búkèqi!
　　<small>부 커 치</small>

🎧 track 009

✅ 감사의 표현 "谢谢!"

한 번쯤은 들어본 적 있을 "谢谢!"는 "감사합니다(고맙습니다)!"라는 표현입니다. 이에 대한 대답으로 우리말의 "천만에요!"에 해당하는 표현인 "不客气"나 "不用谢(búyòng xiè)"가 많이 쓰입니다. 가장 기본적인 표현이니 꼭 외워 두세요!

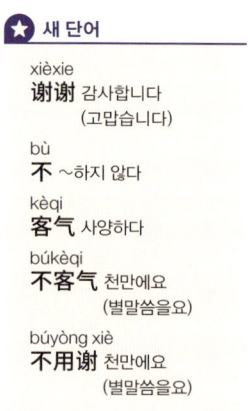

⭐ 새 단어

xièxie
谢谢 감사합니다
　　　(고맙습니다)

bù
不 ~하지 않다

kèqi
客气 사양하다

búkèqi
不客气 천만에요
　　　　(별말씀을요)

búyòng xiè
不用谢 천만에요
　　　　(별말씀을요)

바꿔서 말해보세요!

A: **谢谢!** 고맙습니다!
　　Xièxie!

B: **不客气** / **不用谢** ! 천만에요! / 천만에요!
　　Búkèqi / Búyòng xiè

4 잘 가! (안녕히 가세요!)

A: **再见!** 잘 가!
   짜이 찌엔
   Zàijiàn!

B: **再见!** 잘 가!
   짜이 찌엔
   Zàijiàn!

track 010

✓ 헤어질 때 가장 많이 쓰이는 인사 "再见!"

'再'는 '다시', '见'은 '만나다'라는 뜻이므로, 직역하면 '다시 만나자'가 되는데 헤어질 때 가장 많이 쓰이는 인사말입니다. 이 외에 헤어질 때 하는 인사말로 다음 표현들이 많이 쓰이니 함께 익혀두세요.

一会儿见! 나중에 보자!
Yíhuìr jiàn!

明天见! 내일 보자!
Míngtiān jiàn!

晚安! 잘 자!
Wǎn'ān!

★ 새 단어

zài
再 다시

jiàn
见 만나다

zàijiàn
再见 잘 가, 안녕 [헤어질 때 하는 인사]

yíhuìr
一会儿 곧, 잠시

míngtiān
明天 내일

바꿔서 말해보세요!

| 밍 티엔
明天
Míngtiān |
| 이 후얼
一会儿
Yíhuìr |

찌엔
见! 내일 봐!
jiàn

나중에 보자!

1 제3성의 성조변화

(1) 제3성 + 제3성

"你好!"는 제3성과 제3성으로 이루어져 있죠. 제3성에 주의하면서 두 음절을 연이어 발음해 보세요. 힘드시죠? 이런 이유로 제3성 뒤에 제3성이 올 경우에는 앞의 제3성을 제2성으로 발음해줍니다. 만약 3개의 제3성이 연결되어 있으면 첫째, 둘째 음절은 모두 제2성으로 읽고 마지막 음절만 제3성으로 읽습니다. 단, 표기할 때에는 제3성 그대로 표기해줍니다.

(2) 제3성 + 제1, 2, 4성, 경성

제3성 뒤에 제1, 2, 4성이나 경성이 오면 앞의 제3성은 반3성으로 바뀝니다. 반3성이란 제3성 중 내려가는 부분만 발음해주는 것을 가리킵니다.

2 '一'와 '不'의 성조변화

'一(yī)'와 '不(bù)'는 본래 고유의 성조를 가지고 있지만 뒤에 오는 음절의 성조에 따라 자체의 성조가 변하는 특성을 갖습니다. 제3성의 경우에는 성조가 변해도 한어병음을 표기할 때에는 본 성조를 그대로 표기하지만, '一'와 '不'의 경우에는 한어병음을 표기할 때 변화된 상태의 성조로 표기한다는 점을 기억하세요.

(1) '一'의 성조변화

'一'가 제4성자 또는 제4성이 변해서 된 경성자 앞에 놓이면 제2성으로 발음됩니다.

'一'가 제1, 2, 3성자 앞에 놓이면 제4성으로 발음됩니다.

(2) '不'의 성조변화

'不'가 제4성자 또는 제4성이 변해서 된 경성자 앞에 놓이면 제2성으로 발음됩니다.

'不'가 제1, 2, 3성자 앞에 놓이면 고유의 성조인 제4성으로 발음됩니다.

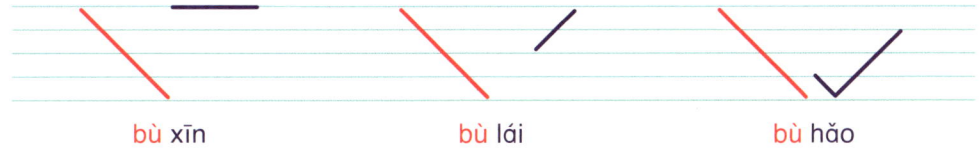

마무리 테스트로 **발음** 실력 다지기

track 012

1 녹음을 듣고 각 발음의 병음과 성조를 써보세요.

① _____   ② _____

③ _____   ④ _____

⑤ _____   ⑥ _____

2 녹음을 듣고 제3성의 변조에 유의하여 발음할 때의 성조를 오선지에 그려 넣어보세요.

① _____   ② _____   ③ _____

    fǎng wèn　　　　　　wǎng lái　　　　　　wǒ yě hǎo

3 '一'와 '不'의 성조가 어떻게 변화되는지 녹음을 듣고 보기와 같이 표기하세요.

보기　　　yīyàng (一样) → yíyàng

① yī+tiáo (一条)　→ _____

② yī+bǎi (一百)　→ _____

③ yī+qiān (一千)　→ _____

④ yī+wàn (一万)　→ _____

⑤ bù+lèi (不累)　→ _____

⑥ bù+mǎn (不满)　→ _____

마무리 테스트로 **단어** 실력 다지기

1 빈 칸을 채워 단어표를 완성하고, 각 단어를 큰 소리로 읽어보세요.

중국어	한어병음	뜻	중국어	한어병음	뜻
	nǐ			dàjiā	여러분, 모두
我们		우리	谢谢		감사합니다
不客气				zàijiàn	

2 녹음을 듣고 대화를 완성하세요. track 013

① A: 你们好!

　B: _____ 好!

② A: 谢谢!

　B: _____ 谢!

3 다음 한국어 문장을 중국어로 바꿔보세요.

① 나중에 보자!

_____

② 친구들 안녕! (만났을 때)

_____

03 UNIT

你叫什么名字?
Nǐ jiào shénme míngzi?

당신의 이름은 무엇인가요?

중국에는 인구 수만큼이나 많은 성씨들이 있습니다.
그 중 가장 많은 성씨는 어떤 것일까요?
각각의 성씨를 대표하는 유명인사들을 통해 알아보아요~!

1위 리 李
리리엔지에
李连杰
중국에서 가장 많은 성인 리씨를 대표하는 영화배우로 연기력에 무술 실력까지 겸비한 진정한 엔터테이너입니다.

2위 왕 王
왕지아웨이
王家卫
〈화양연화〉,〈해피투게더〉,〈중경삼림〉 등 제목만 들어도 알 만한 영화들을 연출한 감독으로 감각적인 영상미로 유명합니다.

학 습 포 인 트

- 중국어의 발음
  (1) 권설운모 (2) '儿'화 (3) 격음부호
- 중국어의 문장구조 이해하기
- 안부 묻기
- 자신의 이름 소개하기

동영상 강의

3위 짱 张
짱이모우 张艺谋
설명이 필요 없는 중국의 대표 감독으로 2008 베이징 올림픽 개막식의 아름답고 웅장한 연출로 화제가 되기도 했습니다.

4위 리우 刘
리우시앙 刘翔
2004 아테네 올림픽 110m 허들에서 금메달을 따내며 중국인들의 영웅으로 떠오른 인물입니다.

왕초보 필수 표현

1 나는 ~합니다.

A: 你去吗? 당신은 가나요?
　　Nǐ qù ma?

B: 我去。 나는 갑니다.
　　Wǒ qù.

track 014

✓ 중국어의 문장 구조

중국어의 기본 문장 구조는 크게 주어와 술어로 나뉩니다. 이때 술어가 동사일 경우에는 '동사술어문', 형용사일 경우에는 '형용사술어문'이라고 합니다.

A: 你去吗?　　　B: 我去。
　　주어
　　술어

★ 새 단어

qù
去 가다

ma
吗 의문을 나타내는 어기조사

lái
来 오다

mǎi
买 사다

✓ 의문을 나타내는 '吗'

중국어에서 의문문을 만드는 방법 중 가장 일반적인 방법은 평서문 뒤에 의문조사 '吗'를 붙여주는 것입니다.

평서문　　　　　　　　　　　의문문

我去。 나는 갑니다.　　→　　你去吗? 당신은 가나요?
Wǒ qù.　　　　　　　　　　　Nǐ qù ma?

爸爸来。 아버지가 오십니다.　→　爸爸来吗? 아버지가 오시나요?
Bàba lái.　　　　　　　　　　　Bàba lái ma?

바꿔서 말해보세요!

他　　来　　吗?　　그는 오나요?
Tā　 lái　　ma?
　　　买　　　　　그는 사나요?
　　　mǎi

2   나는 ~하지 않습니다.

A: **你好吗?** 당신은 잘 지내나요?
   Nǐ hǎo ma?

B: **我不好。** 나는 잘 못 지냅니다.
   Wǒ bù hǎo.

track 015

✓ 안부를 묻는 표현 "你好吗?"

우리가 흔히 알고 있는 "你好吗?"는 "Hi!", "Hello!"와 같은 일반적인 인사가 아니라 "잘 지내십니까?"와 같이 서로 알고 있는 사이에 안부를 묻는 표현입니다. 따라서 초면에 인사를 나누는 경우에는 "你好吗?"가 아니라 "你好!"라고 말해야 합니다.

✓ 부정을 나타내는 "不"

'不'는 단독으로 쓰이거나 동사, 형용사 앞에 쓰여 부정을 나타냅니다.

A: 你好吗? 넌 잘 지내니?   B: 我**不**好。 난 잘 못 지내.
   Nǐ hǎo ma?   Wǒ bù hǎo.

A: 你来吗? 넌 올 거니?   B: 我**不**来。 난 안 올 거야.
   Nǐ lái ma?   Wǒ bù lái.

A: 你忙吗? 넌 바쁘니?   B: 我**不**忙。 난 안 바빠.
   Nǐ máng ma?   Wǒ bù máng.

A: 你去吗? 넌 갈 거니?   B: 我**不**去。 난 안 갈 거야.
   Nǐ qù ma?   Wǒ bú qù.

★ 새 단어

忙 máng 바쁘다
累 lèi 피곤하다

바꿔서 말해보세요!

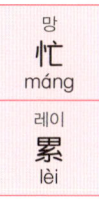

她不 **忙** 。 그녀는 바쁘지 않습니다.
Tā bù(bú) máng

       累 。 그녀는 피곤하지 않습니다.
       lèi

왕초보 필수 표현

3 내 이름은 ~입니다.

니 찌아오 션 머 밍 즈
A: **你叫什么名字?** 당신의 이름은 무엇인가요?
　　Nǐ jiào shénme míngzi?

워 찌아오 찐 밍 지
B: **我叫金明姬。** 제 이름은 김명희입니다.
　　Wǒ jiào Jīn Míngjī.

 track 016

✓ 이름을 묻는 표현 "你叫什么名字?"

상대방의 이름을 물을 때에는 "你叫什么名字?"라고 묻습니다. 대답할 때는 "我叫……(제 이름은 ~ 입니다)"로 성과 이름을 붙여서 말해주면 됩니다.

단, 윗사람에게 혹은 초면에 격식을 갖춰 인사하는 자리에서 "你叫什么名字?"라고 이름을 먼저 물으면 상대방이 예의가 없다고 받아들일 수 있습니다. 따라서 공식적인 자리에서 처음 만나는 사람에게는 예의를 갖추어 "您贵姓? (Nín guì xìng?)"이라는 표현을 써야 합니다. "성이 어떻게 되십니까?"라는 뜻으로, '贵'를 사용해서 상대방의 성을 높여주는 것입니다. 상대방이 "您贵姓?"이라고 물었을 때에는 '贵'를 빼고 "我姓……"으로 대답하거나, "我叫……"로 성과 이름을 모두 대답하면 됩니다.

A: **您贵姓?** 성이 어떻게 되시죠?
　　Nín guì xìng?

B: **我姓李。** 저는 이씨입니다.
　　Wǒ xìng Lǐ.

★ 새 단어

jiào
叫 ~라고 불리다

shénme
什么 무엇

míngzi
名字 이름

Jīn Míngjī
金明姬 김명희(인명)

nín
您 당신[你의 존칭]

guì
贵 귀하다, 가치가 있다

xìng
姓 성이 ~이다

Lǐ
李 이씨

바꿔서 말해보세요!

닌 꾸에이 씽
A: **您贵姓?** 성이 어떻게 되십니까?
　　Nín guì xìng?

워 씽　　　　　　워 찌아오
B: **我姓** ____ , **我叫** ____ 。 저는 ~씨로, 이름은 ~입니다.
　　Wǒ xìng　　　　wǒ jiào

track 017

1 권설운모 er(r)

혀끝을 입천장 쪽으로 말아 올리며 우리말의 '얼'처럼 발음합니다. 이때 혀끝이 입천장에 닿으면 안 됩니다.

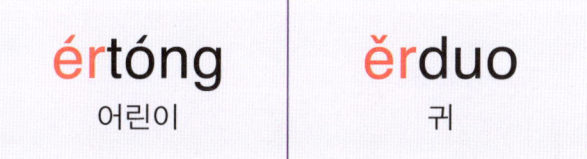

2 얼화(儿化) 현상

권설운모 'er'이 다른 운모와 결합하는 현상을 '얼화'라고 합니다. 표기는 운모 뒤에 '-r'을 붙여주면 됩니다.

3 격음부호 ' '

'a, o, e'로 시작하는 음절이 다른 음절의 뒤에 이어서 올 때 음절 간의 경계를 분명히 하기 위해 격음부호 ' '를 사용하여 구분해줍니다.

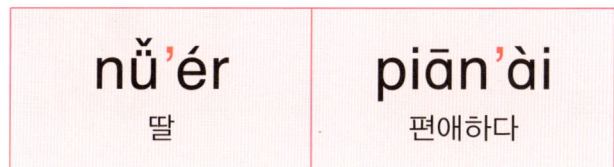

긴 대화도 자신 있게 **회화 배우기**

track 018

A: 你们去吗?
Nǐmen qù ma?

B: 我很❶累, 不去。
Wǒ hěn lèi, bú qù.

C: 我很忙。我也❷不去。
Wǒ hěn máng. Wǒ yě bú qù.

A: 您贵姓❸?
Nín guì xìng?

B: 我姓王, 我叫王伟。你叫什么名字?
Wǒ xìng Wáng, wǒ jiào Wáng Wěi. Nǐ jiào shénme míngzi?

A: 我叫金明姬。
Wǒ jiào Jīn Míngjī.

B: 认识你, 很高兴❹。
Rènshi nǐ, hěn gāoxìng.

A: 认识你, 我也很高兴。
Rènshi nǐ, wǒ yě hěn gāoxìng.

 새 단어

hěn	yě	Wáng Wěi	rènshi	gāoxìng
很 아주, 매우	也 ~도, 또한	王伟 왕웨이(인명)	认识 알다	高兴 기쁘다

A : 너희 갈 거니?
B : 난 피곤해서 안 갈래.
C : 난 바빠. 나도 안 갈래.

A : 당신의 성은 무엇인가요?
B : 제 성은 왕씨이고, 왕웨이라고 해요. 당신의 이름은 무엇인가요?
A : 저는 김명희라고 합니다.
B : 만나뵙게 되어 정말 반갑습니다.
A : 만나뵙게 되어 저도 매우 기쁩니다.

📍 이것도 알아두세요!

❶ '很'은 '아주, 매우'를 의미하는 부사입니다. 하지만 중국어에서 형용사가 단독으로 술어로 쓰이면 습관적으로 '很'을 형용사 앞에 붙여줍니다. 형식적으로 붙여주는 것이기 때문에, 이 경우에는 특별히 형용사의 의미를 강조하는 역할을 하지 않습니다.

我很好。 나는 아주 잘 지냅니다.
Wǒ hěn hǎo.

我很忙。 나는 아주 바쁩니다.
Wǒ hěn máng.

❷ '也'는 주어 뒤에 쓰여 '~도'라는 뜻을 나타냅니다.

❸ 상대방의 성을 물을 때에는 상대방을 존대해서 "您贵姓?"이라고 물어보지만, 제3자의 성을 물어볼 때는 '贵'를 사용하지 않고 "他(她)姓什么? (그[그녀]의 성이 무엇인가요?)"라고 묻습니다.

❹ "认识你，很高兴。"은 "만나서 반가워요."라는 표현으로 처음 만나는 사이에 자주 사용하는 말입니다.

그림 따라 단어 따라 **표현 늘리기**

track 019

그림과 연관된 각 단어를 보기에 대입시켜 읽어보세요.

① 보기   A: 你去吗?   B: 我去。

① 买 mǎi   ② 来 lái   ③ 看 kàn

② 보기   A: 你好吗?   B: 我(很/不)好。

① 累 lèi   ② 忙 máng   ③ 高兴 gāoxìng

③ 보기   A: 你叫什么名字?   B: 我叫金明姬。

① 李英俊 Lǐ Yīngjùn (이영준)   ② 朴娜丽 Piáo Nàlì (박나리)   ③ 崔珍旭 Cuī Zhēnxù (최진욱)

마무리 테스트로 발음 실력 다지기

track 020

1 녹음을 듣고 각 단어와 맞는 발음을 보기에서 골라 빈칸에 쓰세요.

보기   yíxiàr   yǎnjìngr   xiǎoháir   yìdiǎnr

① _____   ② _____
③ _____   ④ _____

2 녹음을 듣고 'er' 발음에 주의해서 각 단어의 병음과 성조를 써보세요.

① _____   ② _____
③ _____   ④ _____

3 다음 각 한자가 연결되어 하나의 단어를 이룰 때의 한어병음을 써보세요.
(격음부호의 사용에 주의해서 표기하세요.)

① 딸: 女(nǚ) + 儿(ér) → _____

② 천안문: 天(Tiān) + 安(ān) + 门(mén) → _____

③ 열렬히 사랑하다: 热(rè) + 爱(ài) → _____

④ 백조: 天(tiān) + 鹅(é) → _____

마무리 테스트로 단어 실력 다지기

1 다음 단어의 성조를 표시하세요.

① 买 - mai ② 累 - lei

③ 您 - nin ④ 贵 - gui

2 빈 칸을 채워 단어표를 완성하고, 각 단어를 큰 소리로 읽어보세요.

중국어	한어병음	뜻	중국어	한어병음	뜻
	qù			xìng	성이 ~이다
来		오다	什么		무엇
高兴				míngzi	

3 빈 칸에 들어갈 알맞은 단어를 보기에서 골라 써넣으세요.

보기　　　来　姓　忙　叫

① 爸爸_____吗？ Bàba lái ma?

② 她不_____。 Tā bù máng.

③ 我_____李，我_____明姬。 Wǒ xìng Lǐ, wǒ jiào Míngjī.

마무리 테스트로 듣기 쓰기 실력 다지기

1 녹음을 듣고 대화를 완성하세요.   track 021

① A: 你去吗?

    B: _____。

② A: _____?

    B: 我姓王, 我叫王伟。

2 빈 칸에 들어갈 알맞은 말을 써넣으세요.

① 我_____不去。나도 안 갈겁니다.

② 她叫什么_____? 그녀의 이름은 무엇인가요?

③ _____你, 很高兴。만나뵙게 되어 기쁩니다.

3 다음 한국어 문장을 중국어로 바꿔보세요.

① 당신은 바쁜가요?

_____

② 당신의 이름은 무엇인가요?

_____

③ 만나뵙게 되어 저도 기쁩니다.

_____

04 UNIT

你是韩国人吗?
Nǐ shì Hánguórén ma?

당신은 한국인인가요?

단일민족인 우리나라와 달리 중국은 한족과 55개의 소수민족으로 구성된 나라입니다. 그만큼 다양하고 이색적인 문화가 많이 발달되어 있죠. 각 민족의 문화와 복식에 대해 알아볼까요?

한족 汉族
중국 전체 인구 중 90% 이상을 차지하고 있는 한족은 56개 민족 중 가장 많은 비율을 차지하고 있습니다.

장족 壮族
중국 최대의 소수 민족으로 광시(广西)장족자치구에 주로 살고 있고 인구는 1800만 명으로 한족 다음으로 많습니다.

| 학 습 포 인 트 | • 국적 말해보기
• 누구, 무엇 등의 의문사 배우기
• 사물, 사람 설명하기 | 
동영상 강의 |

회족 回族
중국 거주 소수민족 중 무슬림 최대 집단으로 이슬람교를 신봉합니다. 인구는 2000년 기준으로 900만에 이른다고 하네요.

몽고족 蒙古族
네이멍구자치구에 주로 거주하고 초원에서 양과 말을 방목해 기르며 살아가는 대표적인 유목민족입니다.

📖 왕초보 필수 표현

1 나는 한국인입니다.

A: 你是韩国人吗? 당신은 한국인인가요?
Nǐ shì Hánguórén ma?

B: 我是韩国人。 나는 한국인입니다.
Wǒ shì Hánguórén.

🎧 track 022

✓ 중국어의 대표동사 '是'

'是'는 주로 'A是B'의 형태로 쓰여 'A는 B이다'라는 의미를 나타냅니다. '是'를 부정할 때는 앞에 '不'를 붙이면 됩니다.

我**是**韩国人。 나는 한국인입니다.
Wǒ shì Hánguórén.

我**不**是韩国人。 나는 한국인이 아닙니다.
Wǒ bú shì Hánguórén.

✓ 국적을 물어보는 표현 "你是○○人吗?"

상대방의 국적을 물을 때 쓰는 표현으로, ○○ 위치에 나라 이름을 넣어 주면 됩니다. 그냥 단순하게 "당신은 어느 나라 사람인가요?"라고 묻고 싶을 때는 "你是哪国人?"이라고 묻습니다.

A: 你是**哪国**人? 당신은 어느 나라 사람입니까?
Nǐ shì nǎ guó rén?

B: 我是中国人。 나는 중국인입니다.
Wǒ shì Zhōngguórén.

⭐ 새 단어

shì
是 ~이다

Hánguó
韩国 한국

rén
人 사람

Hánguórén
韩国人 한국인

nǎ
哪 어느

Zhōngguórén
中国人 중국인

Měiguórén
美国人 미국인

Rìběnrén
日本人 일본인

바꿔서 말해보세요!

他不是  。
Tā bú shì

美国人 Měiguórén — 그는 미국인이 아닙니다.

日本人 Rìběnrén — 그는 일본인이 아닙니다.

2 이것은 무엇입니까?

A: 这是什么? 이것은 무엇입니까?
Zhè shì shénme?

B: 这是我的词典。 이것은 나의 사전입니다.
Zhè shì wǒ de cídiǎn.

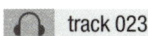 track 023

✓ '무엇'을 뜻하는 의문사 '什么'

'什么'는 '무엇' 혹은 '무슨'이라는 뜻으로 의문을 나타냅니다. 영어에서는 'what'과 같은 의문사가 문장 처음에 위치하지만, 중국어에서는 묻고 싶은 내용이 들어갈 위치에 의문사를 넣어주면 됩니다. 단, 이처럼 의문사가 사용되는 의문문의 경우, 일반의문문에 쓰이는 '吗'를 문장 끝에 쓰면 안 됩니다.

무엇	무슨(어떤)
这是什么?	这是什么词典?
이것은 무엇인가요?	이것은 무슨 사전인가요?

★ 새 단어

zhè
这 이, 이것

shénme
什么 무엇

de
的 ~의

cídiǎn
词典 사전

diànnǎo
电脑 컴퓨터

✓ 소속 관계를 나타내는 '的'

대사나 명사가 수식어로 쓰여 소속관계를 나타낼 때 수식어와 중심어 사이에 구조조사 '的'를 써서 '~의'라는 의미를 나타냅니다.

我的词典 나의 사전   爸爸的名字 아버지의 이름
wǒ de cídiǎn   bàba de míngz

바꿔서 말해보세요!

这是他的 词典 。 이것은 그의 사전입니다.
Zhè shì tā de cídiǎn

电脑 이것은 그의 컴퓨터입니다.
diànnǎo

UNIT 04 你是韩国人吗?

왕초보 필수 표현

3 그녀는 누구입니까?

A: **她是谁?** 그녀는 누구입니까?
　　Tā shì shéi?
　　타 스 셰이

B: **她是我妈妈。** 그녀는 나의 어머니입니다.
　　Tā shì wǒ māma.
　　타 스 워 마 마

track 024

✓ '누구'를 뜻하는 의문사 '谁'

'谁'는 '누구'라는 뜻으로, '什么'와 같이 의문을 나타내는 의문사입니다. 마찬가지로 의문사가 쓰인 의문문이기 때문에 문장 끝에 '吗'를 붙여서는 안 됩니다. 영어의 "Who are you?"는 중국어로 "你是谁? (Nǐ shì shéi?)"라고 표현하면 됩니다.

✓ '的'의 생략

인칭대사가 수식어로 쓰이고 중심어가 친구나 가족, 소속된 단체, 기관 등을 나타내는 명사일 때, 수식어와 중심어 사이의 '的'는 생략할 수 있습니다.

我朋友 내 친구 → 친구
wǒ péngyou

他哥哥 그의 형 → 가족
tā gēge

我们学校 우리 학교 → 소속기관
wǒmen xuéxiào

她公司 그녀의 회사 → 소속기관
tā gōngsī

★ 새 단어

shéi
谁 누구

gēge
哥哥 형(오빠)

xuéxiào
学校 학교

gōngsī
公司 회사

jiějie
姐姐 언니(누나)

바꿔서 말해보세요!

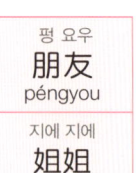

她是我 ___ 。
Tā shì wǒ
타 스 워

| 朋友 péngyou (펑 요우) | 그녀는 나의 친구입니다. |
| 姐姐 jiějie (지에 지에) | 그녀는 나의 언니(누나)입니다. |

그림으로 배우는 **Feel必 어휘**

track 025

- 姐姐 언니, 누나 jiějie
- 哥哥 오빠, 형 gēge
- 女儿 딸 nǚ'er
- 妈妈 어머니 māma
- 妹妹 여동생 mèimei
- 弟弟 남동생 dìdi
- 儿子 아들 érzi
- 爷爷 할아버지 yéye
- 奶奶 할머니 nǎinai
- 爸爸 아버지 bàba

✓ 가족 구성원과 관련된 어휘를 이용하여 다음 표현을 다양하게 연습해보세요.

他(她)是我 _____ 。 그(그녀)는 나의 _____ 입니다.
Tā shì wǒ _____ .

긴 대화도 자신 있게 **회화 배우기**

🎧 track 026

회화 1

A: 쩌 스 워 펑요우 왕 리
这是我朋友，王丽❶。
Zhè shì wǒ péngyou, Wáng Lì.

B: 니 하오   니 스 한구어런 마
你好！你是韩国人吗？
Nǐ hǎo! Nǐ shì Hánguórén ma?

C: 부 스   워 스 쭝구어런
不是❷，我是中国人。
Bú shì, wǒ shì Zhōngguórén.

B: 니 스 쉬에셩 마
你是学生吗？
Nǐ shì xuésheng ma?

C: 스   워 스 따쉬에셩
是，我是大学生。
Shì, wǒ shì dàxuéshēng.

회화 2

A: 쩌 스 션머
这是什么？
Zhè shì shénme?

B: 쩌 스 띠엔즈 츠디엔
这是电子词典。
Zhè shì diànzǐ cídiǎn.

A: 나 스 션머
那❸是什么？
Nà shì shénme?

B: 나 스 워 더 띠엔즈 요우시지
那是我的电子游戏机。
Nà shì wǒ de diànzǐ yóuxìjī.

⭐ **새 단어**

| Wáng Lì
王丽 왕리(인명) | xuésheng
学生 학생 | dàxuéshēng
大学生 대학생 | diànzǐ cídiǎn
电子词典 전자사전 | nà
那 저, 저것, 그, 그것 | diànzǐ yóuxìjī
电子游戏机 전자오락기 |

A: 이쪽은 내 친구 왕리야.
B: 안녕! 넌 한국인이니?
C: 아니, 난 중국인이야.
B: 넌 학생이야?
C: 응, 난 대학생이야.

A: 이건 뭐야?
B: 이건 전자사전이야.
A: 저건 뭔데?
B: 저건 내 전자오락기야.

이것도 알아두세요!

❶ 고유명사를 한어병음으로 써줄 때에는 첫 글자를 대문자로 써야 합니다. 인명의 경우 성과 이름을 띄어주고 각각의 첫 글자를 대문자로 씁니다.

❷ 이 문장의 "不是"는 "我不是韩国人。"에서 '我'와 '韩国人'이 생략된 표현입니다. 만약 같은 질문에 대해 긍정의 대답을 하고 싶다면 "是"라고 대답하면 됩니다.

❸ 여기에서 '那'는 어떤 사물을 지칭하는 지시대사로 쓰였습니다. 중국어의 대표적인 지시대사로는 '这'와 '那'가 있습니다. 말하는 사람을 기준으로 '这'는 '가까운 것(곳)'을 '那'는 '먼 것(곳)'을 가리킵니다.

이, 이것	저, 그 / 저것, 그것
这(个) 이것	**那(个)** 저것/그것
这儿(这里) 여기(이곳)	**那儿(那里)** 저기/거기(그곳)

그림 따라 단어 따라 **표현 늘리기**

track 027

그림과 연관된 각 단어를 보기에 대입시켜 읽어보세요.

1 보기   A：你是哪国人？   B：我是 韩国人。

①
中国人
Zhōngguórén

②
美国人
Měiguórén

③
日本人
Rìběnrén

2 보기   A：这是什么？   B：这是我的 词典。

①
电脑
diànnǎo

②
书
shū
(책)

③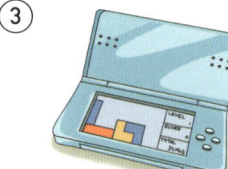
电子游戏机
diànzǐ yóuxìjī

3 보기   A：他是谁？   B：他是我 爸爸。

①
朋友
péngyou

②
哥哥
gēge

③
老师
lǎoshī

마무리 테스트로 **단어 실력 다지기**

1 다음 단어의 성조를 표시하세요.

① 韩国 - Hanguo　　　　② 什么 - shenme

③ 谁 - shei　　　　　　 ④ 姐姐 - jiejie

2 녹음을 듣고 각 단어와 일치하는 사진을 고르세요.

① _____　　② _____　　③ _____

3 빈 칸에 들어갈 알맞은 단어를 보기에서 고르세요.

　　보기　　　电子游戏机　　大学生　　哪

① 你是_____国人? Nǐ shì nǎ guó rén?

② 我是_____。Wǒ shì dàxuéshēng.

③ 那是我的_____。Nà shì wǒ de diànzǐ yóuxìjī.

마무리 테스트로 듣기 실력 다지기

track 029

1 녹음을 듣고 대화를 완성하세요.

① A: _____?

　B: 不是，我是 _____。

② A: 这是什么?

　B: _____。

③ A: _____?

　B: 他是我老师。

2 녹음을 듣고 각각의 그림과 일치하는 상황이 A인지 B인지 써넣으세요.

① 　　②

3 녹음을 듣고 녹음과 일치하는 문장에는 ○, 일치하지 않는 문장에는 ✕를 표시하세요.

① 王丽是我哥哥的朋友。　☐

② 她是中国人。　☐

③ 王丽是大学生。　☐

④ 这是她的电脑。　☐

마무리 테스트로 쓰기 실력 다지기

1 빈 칸에 들어갈 알맞은 말을 써넣으세요.

① 我_____韩国人。나는 한국사람이 아닙니다.

② 这是我的_____。이것은 나의 사전입니다.

③ 她是我_____的_____。그녀는 내 언니의 친구입니다.

2 해석을 보고 다음 단어들을 어순에 맞게 배열해보세요.

① 너희 선생님은 일본인이니?

老师 吗 日本人 你们 是

② 이것은 우리 회사의 컴퓨터입니다.

的 是 这 公司 电脑 我们

3 다음 한국어 문장을 중국어로 바꿔보세요.

① 당신은 한국인인가요?

② 이것은 나의 책입니다

③ 그는 제 오빠입니다.

UNIT 05 你喜欢什么?

05 UNIT

你喜欢什么?
Nǐ xǐhuan shénme?

당신은 무엇을 좋아하나요?

좋아하는 운동이나 문화생활, 여가활동 등을 살펴보면 그 나라의 문화와 전통 등을 엿볼 수 있습니다. 중국인들은 어떤 취미생활을 즐기는지 알아볼까요?

경극 京剧
영화 〈패왕별희〉 때문에 더 잘 알려진 경극은 중국을 대표하는 공연문화입니다.

태극권 太极拳
이른 아침 공원에서는 태극권으로 몸과 마음을 단련하는 사람들을 자주 볼 수 있습니다.

| 학 습 포 인 트 | ● 취미, 기호 등 물어보기
● 하루 일정 설명하기
● 장소를 나타내는 표현 배우기 | 
동영상 강의 |

서예 书法
유명한 사람들의 서체를 배우고 자신만의 서체를 만들어가는 것 또한 중국인들에게는 중요한 취미 중 하나입니다.

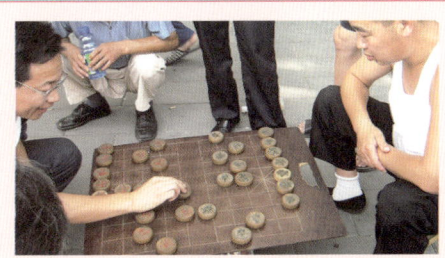

장기 下棋
길거리를 지나다니다 보면 집 앞마당에서 편안한 차림으로 장기를 두고 있는 아저씨들을 자주 볼 수 있습니다.

왕초보 필수 표현

1   나는 ~을 합니다.

니 쭈어 션 머
A: **你做什么?** 당신은 무엇을 하나요?
Nǐ zuò shénme?

워 칸 슈
B: **我看书。** 나는 책을 봅니다.
Wǒ kàn shū.

track 030

✓ **중국어에서 목적어의 위치**

중국어에서 목적어는 동사 뒤에 위치합니다. 한국어의 어순과 비교해볼까요?

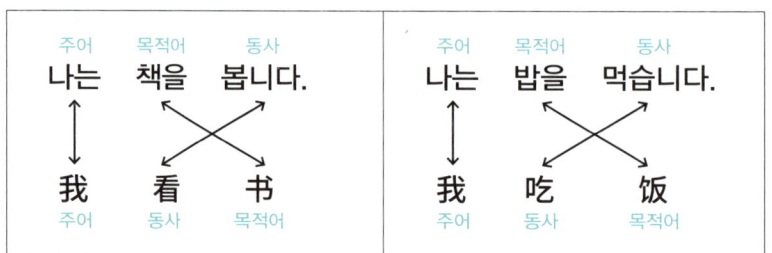

⭐ **새 단어**

zuò
做 ~을 하다
kàn
看 보다
shū
书 책
chī
吃 먹다
fàn
饭 밥, 식사
xiǎoshuō
小说 소설
diànshì
电视 텔레비전

단, 중국어는 우리말의 '~는', '~를'과 같은 조사를 필요로 하지 않기 때문에 위의 예에서 볼 수 있듯이 단어만 순서에 맞춰 연결시켜주면 됩니다.

바꿔서 말해보세요!

워 칸
我看
Wǒ kàn

시아오 슈어
小说
xiǎoshuō

띠엔 스
电视
diànshì

。

나는 소설을 봅니다.

나는 텔레비전을 봅니다.

2 나는 ~에서 ~을 합니다.

A: **你做什么?** 당신은 무엇을 하나요?
Nǐ zuò shénme?

B: **我在家看电视。** 나는 집에서 텔레비전을 봅니다.
Wǒ zài jiā kàn diànshì.

track 031

✓ '在(~에서)'와 개사구

장소를 나타낼 때는 '~에서'라는 의미의 '在'를 씁니다. 일반적으로 중국어의 개사구, 즉 '在+장소'는 동사 앞에 놓입니다.

我在家学习。 나는 집에서 공부합니다.
Wǒ zài jiā xuéxí.

我在书店工作。 나는 서점에서 일합니다.
Wǒ zài shūdiàn gōngzuò.

앞에서 부정문을 만들 때에는 동사나 형용사 앞에 '不'를 붙인다는 것을 배웠었죠? '在+장소'처럼 문장 속에 개사구가 올 때에는 '在' 앞에 '不'를 붙여야 합니다.

我不在家学习。 나는 집에서 공부하지 않습니다.
Wǒ bú zài jiā xuéxí.

我不在书店工作。 나는 서점에서 일하지 않습니다.
Wǒ bú zài shūdiàn gōngzuò.

★ 새 단어

zài
在 ~에서

jiā
家 집

xuéxí
学习 공부하다

shūdiàn
书店 서점

gōngzuò
工作 일(하다)

바꿔서 말해보세요!

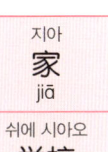

꺼 거 짜이
哥哥在
Gēge zài

| 지아 |
| **家** |
| jiā |
| 쉬에 시아오 |
| **学校** |
| xuéxiào |

칸 슈
看书。
kàn shū.

오빠(형)는 집에서 책을 봅니다.

오빠(형)는 학교에서 책을 봅니다.

UNIT 05 你喜欢什么?

왕초보 필수 표현

3 나는 ~을 좋아합니다.

A: **你喜欢什么?** 당신은 무엇을 좋아하나요?
Nǐ xǐhuan shénme?
(니 시환 션머)

B: **我喜欢听音乐。** 나는 음악 듣는 것을 좋아합니다.
Wǒ xǐhuan tīng yīnyuè.
(워 시환 팅 인 위에)

track 032

✓ 취미를 묻는 표현

"你喜欢什么?"는 상대방이 무엇을 좋아하는지 물어볼 때 쓰는 표현입니다. 취미나 사람, 사물 등에 광범위하게 사용할 수 있는 표현이니 꼭 외워두세요! 상대방의 취미만을 꼬집어서 물어보고 싶을 때는 '爱好(àihào 취미)'를 사용할 수 있습니다.

A: **你的爱好是什么?** 당신의 취미는 무엇인가요?
Nǐ de àihào shì shénme?

B: **我的爱好是看电影。** 나의 취미는 영화보기입니다.
Wǒ de àihào shì kàn diànyǐng.

★ 새 단어

xǐhuan
喜欢 좋아하다

tīng
听 듣다

yīnyuè
音乐 음악

àihào
爱好 취미

diànyǐng
电影 영화

바꿔서 말해보세요!

我喜欢 | **看电影** | 나는 영화 보는 것을 좋아합니다.
Wǒ xǐhuan | kàn diànyǐng (칸 띠엔 잉)

| **看电视** | 나는 텔레비전 보는 것을 좋아합니다.
| kàn diànshì (칸 띠엔 스)

그림으로 배우는 **Feel필 어휘**

track 033

칸 시아오 슈어
看小说 소설을 읽다
kàn xiǎoshuō

와-알 띠엔 나오 요우 시
玩儿电脑游戏
wánr diànnǎo yóuxì
컴퓨터 게임을 하다

시에 씬
写信 편지를 쓰다
xiě xìn

팅 인 위에
听音乐 음악을 듣다
tīng yīnyuè

탄 깡 친
弹钢琴
tán gāngqín
피아노를 치다

칸 띠엔 스
看电视 TV를 보다
kàn diànshì

창 꺼
唱歌 노래를 부르다
chàng gē

✓ 취미활동과 관련된 어휘를 이용하여 다음 표현을 다양하게 연습해보세요.

我喜欢 _____。   나는 _____ 하는 것을 좋아합니다.

Wǒ xǐhuan _____.

UNIT 05 你喜欢什么?

긴 대화도 자신 있게 **회화 배우기**

🎧 track 034

회화 1

A: 찐 티엔 니 쭈어 션 머
今天❶你做什么?
Jīntiān nǐ zuò shénme?

B: 워 짜이 지아 칸 띠엔 스
我在家看电视。
Wǒ zài jiā kàn diànshì.

A: 밍 티엔 너
明天呢?
Míngtiān ne?

B: 밍 티엔 워 껀 지에 지에 이 치 취 꽁 위엔
明天我跟❷姐姐一起去公园。
Míngtiān wǒ gēn jiějie yìqǐ qù gōngyuán.

회화 2

A: 니 시 환 션 머
你喜欢什么?
Nǐ xǐhuan shénme?

B: 워 시 환 탄 깡 친 니 너
我喜欢弹钢琴。你呢❸?
Wǒ xǐhuan tán gāngqín. Nǐ ne?

A: 워 더 아이 하오 스 창 꺼
我的爱好是唱歌。
Wǒ de àihào shì chàng gē.

B: 워 이에 시 환 창 꺼
我也喜欢唱歌。
Wǒ yě xǐhuan chàng gē.

⭐ 새 단어

| jīntiān 今天 오늘 | míngtiān 明天 내일 | gēn 跟 ~와 | yìqǐ 一起 함께, 같이 | gōngyuán 公园 공원 | tán 弹 치다 | gāngqín 钢琴 피아노 |

A: 오늘 너 뭐 하니?
B: 난 집에서 텔레비전을 볼 거야.
A: 내일은?
B: 내일은 언니와 함께 공원에 갈 거야.

A: 넌 뭘 좋아하니?
B: 난 피아노 치는 걸 좋아해. 너는?
A: 내 취미는 노래하는 거야.
B: 나도 노래하는 걸 좋아해.

📍 이것도 알아두세요!

❶ '今天'은 '오늘'을 나타냅니다. 날짜와 관련된 다음 표현들도 가볍게 한번 익혀볼까요?

어제	오늘	내일
昨天 zuótiān	今天 jīntiān	明天 míngtiān

❷ '跟'은 '~와'라는 뜻으로, '跟+사람+동사'의 형식으로 쓰여 '~와 ~을 하다'로 해석됩니다.

❸ "你呢?"는 같은 내용의 질문을 가볍게 다시 상대방에게 하는 질문으로, 우리말의 "너는?"에 해당합니다. 여기에서는 "你喜欢什么?"의 의미로 쓰이고 있습니다.

그림 따라 단어 따라 **표현 늘리기**

track 035

그림과 연관된 각 단어를 보기에 대입시켜 읽어보세요.

1 보기　　A: 你做什么？　　B: 我看 书 。

① 电影　　② 电视　　③ 小说
　diànyǐng　　diànshì　　xiǎoshuō

2 보기　　A: 你做什么？　　B: 我在 家 看电视 。

① 书店，工作　② 学校，学习　③ 图书馆，看书
　shūdiàn gōngzuò　xuéxiào xuéxí　túshūguǎn kàn shū
　　　　　　　　　　　　　　　　(도서관)

3 보기　　A: 你喜欢什么？　　B: 我喜欢 听音乐 。

① 唱歌　　② 弹钢琴　　③ 写信
　chàng gē　　tán gāngqín　　xiě xìn

마무리 테스트로 **단어** 실력 다지기

1 다음 단어의 성조를 표시하세요.

① 书 - s h u   ② 饭 - f a n

③ 学习 - x u e x i   ④ 音乐 - y i n y u e

2 녹음을 듣고 각 단어와 일치하는 사진을 고르세요.

① _____   ② _____   ③ _____

3 빈 칸에 들어갈 알맞은 단어를 보기에서 고르세요.

보기   喜欢   做   工作

① 你_____什么? Nǐ zuò shénme?

② 我在书店_____。 Wǒ zài shūdiàn gōngzuò.

③ 你_____什么? Nǐ xǐhuan shénme?

UNIT 05 你喜欢什么?

마무리 테스트로 듣기 실력 다지기

track 037

1 녹음을 듣고 대화를 완성하세요.

① A: 今天你做什么?

　　B: _____。

② A: 你喜欢什么?

　　B: _____。

2 녹음을 듣고 각각의 그림과 일치하는 상황이 A인지 B인지 써넣으세요.

① 　　②

3 녹음을 듣고 녹음과 일치하는 문장에는 ○, 일치하지 않는 문장에는 ✕를 표시하세요.

① 今天我在学校学习。　☐

② 明天跟朋友一起玩儿。　☐

③ 我的爱好是唱歌。　☐

④ 我朋友喜欢唱歌。　☐

마무리 테스트로 쓰기 실력 다지기

1 빈 칸에 들어갈 알맞은 말을 써넣으세요.

① 哥哥在_____学习。 오빠는 학교에서 공부합니다.

② 我朋友在_____工作。 내 친구는 서점에서 일합니다.

③ 我跟姐姐_____去_____。 나는 언니와 함께 공원에 갑니다.

2 해석을 보고 다음 단어들을 어순에 맞게 배열해보세요.

① 오늘 나는 집에서 공부하지 않습니다.

　　　　不　　今天　　家　　学习　　我　　在

_____

② 당신의 취미는 무엇인가요?

　　　　爱好　　什么　　的　　你　　是

_____

3 다음 한국어 문장을 중국어로 바꿔보세요.

① 나의 취미는 노래하는 것입니다.

_____

② 나는 친구와 함께 컴퓨터 게임을 합니다.

_____

③ 나는 학교에서 일하지 않습니다.

_____

06 UNIT

你去哪儿?
Nǐ qù nǎr?

당신은 어디에 가나요?

우리가 잘 알고 있는 베이징, 상하이 외에
중국에서 놓치지 말고 꼭 가봐야 하는
중국의 대표 도시에는 어떤 곳들이 있을까요?

시안 西安
중국의 대표적인 고도(古都)로 진시황릉과 병마용갱, 양귀비의 화청지(华清池) 등 역사 유적지가 매우 많습니다.

항저우 杭州
'하늘에는 천당이 있고 지상에는 쑤저우와 항저우가 있다(上有天堂，下有苏杭)'고 할 정도로 아름다운 도시입니다.

| 학 습 포 인 트 | • '哪儿'을 이용하여 장소 묻고 답하기
• 행선지 묻고 답하기
• 연이어 발생하는 동작 표현하기 | 
동영상 강의 |

충칭 重庆
팬더의 고향 쓰촨(四川)성의 성도인 충칭에서는 장강삼협(长江三峡)의 장엄하고 웅장한 모습을 감상할 수 있습니다.

쿤밍 昆明
일년 내내 따뜻한 날씨이고 대리(大理), 려강(丽江), 석림(石林) 등과 같은 빼어난 자연경관을 자랑하는 도시입니다.

왕초보 필수 표현

1. 우리 집은 ~에 있습니다.

A: **你家在哪儿?** 당신의 집은 어디에 있나요?
   Nǐ jiā zài nǎr?

B: **我家在首尔。** 우리 집은 서울에 있습니다.
   Wǒ jiā zài Shǒu'ěr.

track 038

✓ 장소를 나타내는 동사 '在'

'在'는 앞서 배운 '~에서'라는 의미 외에 '~에 있다'라는 뜻을 나타내는 동사로도 쓰입니다. 이러한 의미로 쓰일 때 형식은 다음과 같습니다.

> 사람 / 사물 + 在 + 장소를 나타내는 명사

我弟弟在中国。 내 동생은 중국에 있습니다.
Wǒ dìdi zài Zhōngguó.

동사 '在'의 부정은 '在' 앞에 부사 '不'를 붙여 나타냅니다.

我不在中国，在韩国。 나는 중국에 있지 않고, 한국에 있습니다.
Wǒ bú zài Zhōngguó, zài Hánguó.

✓ 장소를 물을 때 쓰는 의문사 '哪儿'

'哪儿'은 장소를 물어볼 때 쓰는 의문사로 '어디'라는 뜻을 나타냅니다. '哪里(nǎli)'도 같은 의미로 사용됩니다. 앞서 배웠던 '什么'나 '谁'와 마찬가지로 문장 끝에 의문문을 만들어주는 조사인 '吗'를 함께 쓸 수 없습니다.

⭐ 새 단어

jiā
家 집

zài
在 ~에 있다

nǎr
哪儿 어디

Shǒu'ěr
首尔 서울[지명]

Běijīng
北京 베이징[지명]

Shànghǎi
上海 상하이[지명]

바꿔서 말해보세요!

她家在 Tā jiā zài

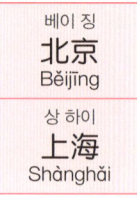

그녀의 집은 베이징에 있습니다.

그녀의 집은 상하이에 있습니다.

2 나는 ~에 갑니다.

A: **你去哪儿?** 당신은 어디에 가나요?
Nǐ qù nǎr?

B: **我去银行。** 나는 은행에 갑니다.
Wǒ qù yínháng.

track 039

✓ '~에 가다'를 의미하는 중국어의 대표동사 '去'

중국어에서는 '~에 가다'라는 표현을 할 때 '去' 뒤에 바로 장소목적어를 제시하여 "我去○○。"이라고 표현합니다.

A: **你去银行吗?** 당신은 은행에 갑니까?
Nǐ qù yínháng ma?

B: **不，我去学校。** 아니요, 나는 학교에 갑니다.
Bù, wǒ qù xuéxiào.

✓ 지시대사 '这儿'과 '那儿'

상대방이 '哪儿'로 질문했을 때 "我去学校。"처럼 장소를 직접 언급할 수도 있지만, '거기에 갑니다'와 같이 대답할 수도 있겠죠? 이럴 때 쓰이는 지시대사를 알아봅시다.

이곳, 여기	저곳, 저기
这儿 zhèr / 这里 zhèli	那儿 nàr / 那里 nàli

새 단어
yínháng
银行 은행
yīyuàn
医院 병원

바꿔서 말해보세요!

我去 书店 shūdiàn 。 나는 서점에 갑니다.
Wǒ qù 医院 yīyuàn 。 나는 병원에 갑니다.

UNIT 06 你去哪儿?

왕초보 필수 표현

3 나는 ~에 ~하러 갑니다.

A: 你去哪儿? 당신은 어디에 가나요?
　　Nǐ qù nǎr?
　　니 취 나-알

B: 我去书店买书。 나는 책을 사러 서점에 갑니다.
　　Wǒ qù shūdiàn mǎi shū.
　　워 취 슈 디엔 마이 슈

track 040

✓ 연달아 동사가 나오는 연동문

하나의 주어에 두 개 이상의 동사(구)가 나오는 문장을 연동문(连动句)이라고 합니다. 위의 회화문장으로 연동문에 대해 배워볼까요?

```
주어  동사₁  목적어₁  동사₂  목적어₂
我   去    书店    买    书 。   Wǒ qù shūdiàn mǎi shū.
나는  간다   서점에   산다   책을  → 나는 서점에 가서 책을 삽니다.
```

연동문의 기본구조: 주어 + 동사(구)₁ + 동사(구)₂

연동문에서 앞의 동사와 뒤의 동사는 목적, 수단이나 방법, 용도 등 다양한 관계를 갖습니다.

我　去　　看　电影 。 나는 영화를 보러 갑니다. → 목적
Wǒ qù   kàn diànyǐng

我　坐　飞机　去 。 나는 비행기를 타고 갑니다. → 수단 및 방법
Wǒ zuò fēijī qù
주어 동사₁ 목적어₁ 동사₂ 목적어₂

★ 새 단어

zuò
坐 앉다, 타다

fēijī
飞机 비행기

shāngdiàn
商店 상점

shuǐguǒ
水果 과일

yàodiàn
药店 약국

yào
药 약

바꿔서 말해보세요!

妈妈去 [商店 shāngdiàn / 药店 yàodiàn] 买 [水果 shuǐguǒ / 药 yào] 。

마 마 취 / 샹 디엔 / 야오 디엔 / 마이 / 슈에이 구어 / 야오

엄마는 과일을 사러 상점에 가십니다.

엄마는 약을 사러 약국에 가십니다.

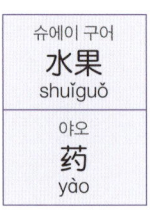

그림으로 배우는 Feel必 어휘

track 041

바이 후어 상 디엔
百货商店 백화점
bǎihuòshāngdiàn

인 항
银行 은행
yínháng

찬 팅
餐厅 식당
cāntīng

웨이 성 지엔
卫生间 화장실
wèishēngjiān

이 위엔
医院 병원
yīyuàn

야오 디엔
药店 약국
yàodiàn

상 디엔
商店 상점
shāngdiàn

슈 디엔
书店 서점
shūdiàn

쉬에시아오
学校 학교
xuéxiào

✓ 장소와 관련된 어휘를 이용하여 다음 표현을 다양하게 연습해보세요.

我去 _____ 。   나는 _____ 에 갑니다.

Wǒ qù _____ .

UNIT 06 你去哪儿?   73

긴 대화도 자신 있게 **회화 배우기**

🎧 track 042

회화 1

A: 시엔 짜이 니 취 나-알
现在你去哪儿?
Xiànzài nǐ qù nǎr?

B: 워 취 슈 디엔 마이 츠 디엔   니 이에 취 슈 디엔 마
我去书店买词典。你也去书店吗?
Wǒ qù shūdiàn mǎi cídiǎn. Nǐ yě qù shūdiàn ma?

A: 워 부 취 슈 디엔   워 후에이 지아
我不去书店，我回家❶。
Wǒ bú qù shūdiàn, wǒ huíjiā.

회화 2

A: 니 짜이   나-알 쉬에 시
你在❷哪儿学习?
Nǐ zài nǎr xuéxí?

B: 짜이 푸 샨 따 쉬에 쉬에 시
在釜山大学学习。
Zài Fǔshān Dàxué xuéxí.

A: 니 지아 짜이 푸 샨 마
你家在釜山吗?
Nǐ jiā zài Fǔshān ma?

B: 워 지아 부 짜이 푸 샨   짜이 쇼우 얼
我家不在釜山，在❸首尔。
Wǒ jiā bú zài Fǔshān, zài Shǒu'ěr.

회화 3

A: 징 푸 꽁 짜이 나-알
景福宫在哪儿?
Jǐngfúgōng zài nǎr?

B: 뚜에이 부 치   워 이에 뿌 즈 다오
对不起❹，我也不知道❺。
Duìbuqǐ, wǒ yě bùzhīdào.

⭐ **새 단어**

| xiànzài
现在 지금, 현재 | huíjiā
回家 귀가하다 | Fǔshān
釜山 부산[지명] | Jǐngfúgōng
景福宫 경복궁 | duìbuqǐ
对不起 미안합니다 | bùzhīdào
不知道 모르다 |

A: 넌 지금 어디에 가니?
B: 나는 사전을 사러 서점에 가. 너도 서점에 가니?
A: 나는 서점에 안 가. 집에 가.

A: 너는 어디에서 공부하니?
B: 부산대학교에서 공부해.
A: 너희 집은 부산에 있니?
B: 우리 집은 부산에 있지 않아, 서울에 있어.

A: 경복궁이 어디에 있나요?
B: 죄송합니다. 저도 모르겠네요.

이것도 알아두세요!

❶ '집으로 돌아가다'라는 표현은 '去家'가 아닌 '回家'를 사용합니다.

❷❸ ②의 '在'는 '~에서'라는 의미로 개사로 쓰였고, ③의 '在'는 '~에 있다'라는 뜻의 동사로 쓰였습니다. 문장 안에서 둘 중 어떤 의미로 쓰였는지 잘 구별해야 합니다.

❸ '对不起'는 우리말의 '미안합니다(죄송합니다)'에 해당합니다. 상대방이 이렇게 사과를 할 때에는 '没关系(Méiguānxi 괜찮습니다)', 혹은 '没什么(Méi shénme 별것 아니에요)'로 대답하면 됩니다.

❹ '不知道'는 '모르겠다, 모르다'라는 의미로 '알다'를 뜻하는 '知道(zhīdao)'의 부정형입니다. 여기에서 주의해야 할 점은 '知道'의 두 번째 음절은 경성으로 읽을 수 있지만 부정형인 '不知道'에서는 마지막 음절인 '道'를 원 성조대로, 즉 'bùzhīdào'로 읽어야 한다는 점입니다.

그림 따라 단어 따라 **표현** 늘리기

track 043

그림과 연관된 각 단어를 보기에 대입시켜 읽어보세요.

1　보기　　A: 你家在哪儿?　　B: 我家在 首尔。

①
北京
Běijīng

②
上海
Shànghǎi

③
纽约
Niǔyuē
(뉴욕)

2　보기　　A: 你去哪儿?　　B: 我去 银行。

①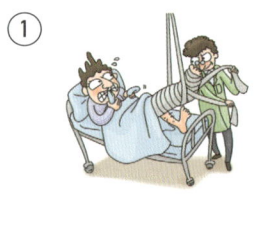
医院
yīyuàn

②
卫生间
wèishēngjiān

③
餐厅
cāntīng

3　보기　　A: 你去哪儿?　　B: 我去 书店 买 书。

①
商店，水果
shāngdiàn shuǐguǒ

②
药店，药
yàodiàn yào

③
百货商店，衣服
bǎihuòshāngdiàn yīfu
(옷)

마무리 테스트로 단어 실력 다지기

1 다음 단어의 성조를 표시하세요.

① 哪儿 - nar   ② 银行 - yinhang

③ 商店 - shangdian   ④ 药 - yao

2 녹음을 듣고 각 단어와 일치하는 사진을 고르세요.

① _____   ② _____   ③ _____

  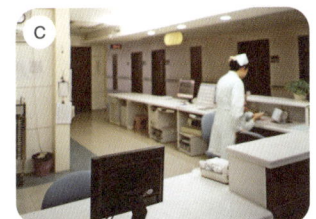

3 빈 칸에 들어갈 알맞은 단어를 보기에서 고르세요.

보기   首尔   坐   药店

① 我家在_____。 Wǒ jiā zài Shǒu'ěr。

② 我去_____买药。 Wǒ qù yàodiàn mǎi yào.

③ 我_____飞机去北京。 Wǒ zuò fēijī qù Běijīng。

마무리 테스트로 듣기 실력 다지기

track 045

1 녹음을 듣고 대화를 완성하세요.

① A: 现在你去哪儿?

　　B: _____。

② A: 你家在哪儿?

　　B: _____。你家也在上海吗?

　　A: _____, 在釜山。

2 녹음을 듣고 각각의 그림과 일치하는 상황이 A인지 B인지 써넣으세요.

① 　　②

3 녹음을 듣고 녹음과 일치하는 문장에는 ○, 일치하지 않는 문장에는 ✕를 표시하세요.

① 我家在釜山。　　□

② 我在釜山大学学习。　　□

③ 我的爱好是看书。　　□

④ 我喜欢去图书馆学习。　　□

마무리 테스트로 쓰기 실력 다지기

1 빈 칸에 들어갈 알맞은 말을 써넣으세요.

① 我去_____买衣服。 나는 백화점에 옷을 사러 갑니다.

② 我去_____吃饭, 你也去吗? 나는 식당에 밥을 먹으러 가는데 당신도 가나요?

③ 我家_____北京, 在上海。 우리 집은 베이징에 있지 않고 상하이에 있습니다.

2 해석을 보고 다음 단어들을 어순에 맞게 배열해보세요.

① 나는 영화를 보러 갑니다.

电影　　去　　我　　看

② 나는 베이징대학교에서 공부합니다.

在　　北京大学　　我　　学习

3 다음 한국어 문장을 중국어로 바꿔보세요.

① 우리 집은 서울에 있습니다.

② 나는 화장실에 가는데, 당신도 가나요?

③ 죄송해요, 저도 모르겠어요.

07 UNIT

今天几月几号?
Jīntiān jǐ yuè jǐ hào?

오늘은 몇 월 며칠인가요?

중국의 명절은 크게 국가명절과 전통명절로 나눌 수 있는데요. 중국인들은 명절을 어떻게 보내는지 또 우리나라와의 공통점과 차이점은 무엇인지 알아볼까요?

춘절 春节
우리나라의 설날과 같은 명절로, 잡귀를 쫓아준다는 붉은색 봉투인 홍빠오(红包)에 세뱃돈을 넣어서 줍니다.

중추절 中秋节
우리나라의 추석에 해당하는 명절로 둥근 달 모양의 위에빙(月饼)을 가까운 이웃과 함께 나눠 먹는 습관이 있습니다.

| 학 습 포 인 트 | • 년, 월, 일 표현하기
• 상대방에게 의견 제시하기 |

동영상 강의

노동절 劳动节
근로자의 날로 우이지에(五一节)라고도 부릅니다. 하루만 쉬는 우리나라와 달리 3일 동안의 휴가가 주어집니다.

국경절 国庆节
10월 1일 중국 공산당 창립기념일로 중국에서는 춘절만큼이나 중요한 날입니다.

왕초보 필수 표현

1 오늘은 ~월 ~일입니다.

찐 티엔 지 위에 지 하오
A: **今天几月几号?** 오늘은 몇 월 며칠인가요?
　Jīntiān jǐ yuè jǐ hào?

찐 티엔 지우 위에 빠 하오
B: **今天九月八号。** 오늘은 9월 8일입니다.
　Jīntiān jiǔ yuè bā hào.

track 046

✓ 숫자 읽기

零	一	二	三	四	五	六	七	八	九	十
líng	yī	èr	sān	sì	wǔ	liù	qī	bā	jiǔ	shí
링	이	얼	싼	쓰	우	리우	치	빠	지우	스

숫자를 읽을 때 백, 천, 만 단위의 숫자가 1일 경우, 한국어에서는 '백오십'과 같이 단위만 읽지만, 중국어에서는 단위 앞에 '一'를 붙여야 합니다.

79　**七十九**　　100　**一百**　　1135　**一千一百三十五**
　　qīshíjiǔ　　　　　yìbǎi　　　　　　yìqiān yìbǎi sānshíwǔ

✓ 년, 월, 일 표현

'연도'를 읽을 때는 각각의 숫자를 하나하나 읽은 후 뒤에 '年(nián)'을 붙여 읽고 '월'은 1~12를 읽은 후에 '月'를 붙여 읽습니다. '일'은 날짜 뒤에 '号' 또는 '日(rì)'를 붙이는데 일상회화에서는 '号'가 주로 쓰입니다.

二零零九年 èrlínglíngjiǔ nián　2009년

三月 sān yuè　3월　　**五日** wǔ rì　5일　　**五号** wǔ hào　5일

새 단어

jǐ
几 몇

yuè
月 월

hào
号 일

bǎi
百 백(100)

qiān
千 천(1000)

líng
零 영(0)

nián
年 년, 해

rì
日 일

바꿔서 말해보세요!

찐 티엔　　　　　　위에　　　　　하오
今天　　**月**　　　**号。**
Jīntiān　　　yuè　　　hào.

오늘은 11월 6일입니다.

오늘은 5월 10일입니다.

2 오늘은 ~요일입니다.

A: **明天星期几?** 내일은 무슨 요일인가요?
  Míngtiān xīngqī jǐ?
  (밍 티엔 씽 치 지)

B: **明天星期一。** 내일은 월요일입니다.
  Míngtiān xīngqīyī.
  (밍 티엔 씽 치 이)

track 047

✓ 요일을 나타내는 표현

중국어로 요일은 '星期'를 이용하여 표현하는데 '무슨 요일인지' 물을 때에는 '几'를 이용하여 "星期几?"라고 말합니다.

월요일	화요일	수요일	목요일
星期一 xīngqīyī	星期二 xīngqī'èr	星期三 xīngqīsān	星期四 xīngqīsì

금요일	토요일	일요일
星期五 xīngqīwǔ	星期六 xīngqīliù	星期天(日) xīngqītiān(rì)

새 단어

xīngqī
星期 주, 요일

míngtiān
明天 내일

xīngqī jǐ
星期几 무슨 요일

✓ 명사가 술어 역할을 하는 명사술어문

동사 '是'를 술어로 사용하지 않고, 명사나 명사구가 술어로 쓰여 날짜, 출신, 나이, 시간 등을 나타내는 문장을 명사술어문이라고 합니다.

明天(是)星期天。 내일은 일요일입니다. → 날짜
Míngtiān (shì) xīngqītiān.

他(是)首尔人。 그는 서울 사람입니다. → 출신
Tā (shì) Shǒu'ěrrén.

바꿔서 말해보세요!

찐 티엔 / 今天 Jīntiān , 밍 티엔 / 明天 míngtiān 。

오늘은 토요일이고, 내일은 일요일입니다.

오늘은 수요일이고, 내일은 목요일입니다.

왕초보 필수 표현

3 당신은 언제 ~을 하나요?

A: **你什么时候去中国？** 당신은 언제 중국에 가나요?
Nǐ shénme shíhou qù Zhōngguó?
(니 션 머 스 호우 취 쭝 구어)

B: **明年二月。** 내년 2월에 갑니다.
Míngnián èr yuè.
(밍 니엔 얼 위에)

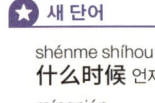 track 048

✓ '언제'를 의미하는 '什么时候'

우리말의 '언제'에 해당하는 중국어는 '什么时候'입니다. 주로 시간을 물어볼 때 쓰이는 의문사로 우리말의 '언제'처럼 주어 앞, 뒤에 모두 놓일 수 있고, 단독으로 질문을 이루기도 합니다. '什么时候'는 시간의 길이에 관계없이 자유롭게 쓰이는 표현이며, 이 외에 정확한 날짜나 요일을 묻고 싶을 때에는 앞에서 배웠던 '几月几号', '星期几' 등을 쓸 수 있습니다.

새 단어
shénme shíhou
什么时候 언제
míngnián
明年 내년

✓ 연도 표현

위에서 '내년'을 뜻하는 '明年'을 배웠죠. 연도를 나타내는 다음 표현들도 함께 익혀두세요.

재작년	작년	올해	내년	후년
치엔 니엔	취 니엔	찐 니엔	밍 니엔	호우 니엔
前年	去年	今年	明年	后年
qiánnián	qùnián	jīnnián	míngnián	hòunián

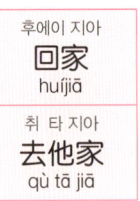
바꿔서 말해보세요!

你什么时候 [回家 huíjiā / 去他家 qù tā jiā] ?
Nǐ shénme shíhou
(니 션 머 스 호우)
(후에이 지아 / 취 타 지아)

당신은 언제 집에 갑니까?

당신은 언제 그의 집에 갑니까?

그림으로 배우는 Feel必 어휘

track 049

상 거 위에
上个月 지난달
shàng ge yuè

쩌 거 위에
这个月 이번 달
zhè ge yuè

시아 거 위에
下个月 다음 달
xià ge yuè

호우티엔
后天 모레
hòutiān

찐 티엔
今天 오늘
jīntiān

치엔 티엔
前天 그제
qiántiān

주어 티엔
昨天 어제
zuótiān

밍 티엔
明天 내일
míngtiān

상 거 씽 치
上个星期 지난주
shàng ge xīngqī

쩌 거 씽 치
这个星期 이번 주
zhè ge xīngqī

시아 거 씽 치
下个星期 다음 주
xià ge xīngqī

✓ 시간과 관련된 어휘를 이용하여 다음 표현을 다양하게 연습해보세요.

我 _____ 去奶奶家。   나는 _____ 할머니 댁에 갑니다.
Wǒ _____ qù nǎinai jiā.

UNIT 07　今天几月几号?

긴 대화도 자신 있게 **회화 배우기**

🎧 track 050

A: 찐 티엔 지 위에 지 하오
今天几月几号？
Jīntiān jǐ yuè jǐ hào?

B: 찐 티엔 스 위에 스 치 하오
今天十月十七号。
Jīntiān shí yuè shíqī hào.

A: 찐 티엔 씽 치 쓰 마
今天星期四吗？
Jīntiān xīngqīsì ma?

B: 찐 티엔 부 스   씽 치 쓰   찐 티엔 씽 치 우
今天不是❶星期四，今天星期五。
Jīntiān bú shì xīngqīsì, jīntiān xīngqīwǔ.

A: 니 션 머 스 호우 후에이 구어
你什么时候回国？
Nǐ shénme shíhou huíguó?

B: 워 시아 거 위에 후에이 구어
我下个月回国。
Wǒ xià ge yuè huíguó.

A: 호우 티엔 스 나이 나이 더 화 지아 르
后天是奶奶的花甲日。
Hòutiān shì nǎinai de huājiǎrì.

워 먼 이 치 취 쭈 허 타   하오 마
我们一起去祝贺她，好吗❷？
Wǒmen yìqǐ qù zhùhè tā, hǎo ma?

B: 하오
好。
Hǎo.

 새 단어

| huíguó | huājiǎrì | yìqǐ | zhùhè |
| 回国 귀국하다 | 花甲日 환갑 | 一起 함께 | 祝贺 축하하다 |

86

A: 오늘이 몇 월 며칠이지?
B: 오늘은 10월 17일이야.
A: 오늘이 목요일이니?
B: 오늘은 목요일이 아니라 금요일이야.
A: 넌 언제 귀국하니?
B: 난 다음 달에 귀국해.

A: 모레가 할머니 환갑이셔. 우리 같이 가서 축하해 드리자. 어때?
B: 좋아.

이것도 알아두세요!

① 시간, 날짜, 나이, 본적 등을 나타내는 명사술어문을 부정할 때는 반드시 '不是'를 사용해야 합니다.

明天不是星期一。(○) 내일은 월요일이 아닙니다.
Míngtiān bú shì xīngqīyī.

明天不星期一。(×)

他不是首尔人。(○) 그는 서울 사람이 아닙니다.
Tā bú shì Shǒu'ěrrén.

他不首尔人。(×)

② '……, 好吗?'는 '~하는 게 어때?'라는 의미로, 상대방의 의견을 구하고자 할 때 자주 쓰이는 표현입니다. 이에 동의할 때에는 '好'라고 대답합니다.

그림 따라 단어 따라 **표현** 늘리기

track 051

그림과 연관된 각 단어를 보기에 대입시켜 읽어보세요.

1 보기   A: 今天 几月几号?   B: 今天 十月八号。

①
昨天, 一, 七
zuótiān yī qī

②
明天, 五, 九
míngtiān wǔ jiǔ

③
后天, 六, 十二
hòutiān liù shí'èr

2 보기   A: 今天 星期几?   B: 今天 星期一。

①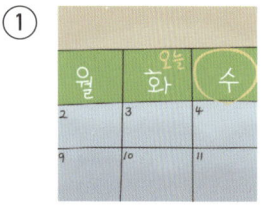
明天, 星期三
míngtiān xīngqīsān

②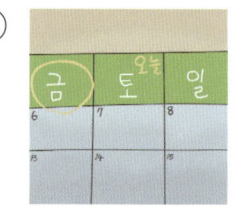
昨天, 星期五
zuótiān xīngqīwǔ

③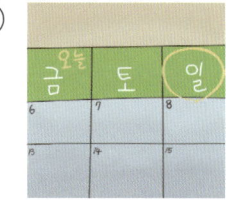
后天, 星期天
hòutiān xīngqītiān

3 보기   A: 你什么时候 去中国?   B: 今年 十二月。

①
回家, 十月
huíjiā shí yuè

②
放假, 八月
fàngjià bā yuè
(방학하다)

③
回国, 五月
huíguó wǔ yuè

88

마무리 테스트로 **단어** 실력 다지기

1 다음 단어의 성조를 표시하세요.

① 十月十七号 - shi yue shiqi hao

② 二零零八年 - erlinglingba nian

③ 星期天 - xingqitian

④ 什么时候 - shenme shihou

2 빈 칸을 채워 단어표를 완성하고, 각 단어를 큰 소리로 읽어보세요.

중국어	한어병음	뜻	중국어	한어병음	뜻
	yuè			líng	영(0)
星期几		무슨 요일	明年		내년
花甲日				zhùhè	

3 빈 칸에 들어갈 알맞은 단어를 보기에서 고르세요.

보기   回国   星期   号

① 今天几月几_____? Jīntiān jǐ yuè jǐ hào?

② 明天_____五吗? Míngtiān xīngqī wǔ ma?

③ 你什么时候_____? Nǐ shénme shíhou huíguó?

track 052

1 녹음을 듣고 대화를 완성하세요.

① A: 今天星期五吗?

　B: 今天＿＿＿＿＿＿＿＿＿＿＿＿，

　　今天＿＿＿＿＿＿＿＿＿＿＿＿。

② A: 明天是我哥哥的生日，

　B: ＿＿＿＿＿＿＿＿＿＿＿＿，好吗?

2 녹음을 듣고 각각의 그림과 일치하는 상황이 A인지 B인지 써넣으세요.

① 　②

3 녹음을 듣고 녹음과 일치하는 문장에는 ○, 일치하지 않는 문장에는 ✕를 표시하세요.

① 今天十月六号。　☐

② 明天星期六。　☐

③ 明天是我的生日。　☐

④ 今天我哥哥的朋友们来我家。　☐

마무리 테스트로 쓰기 실력 다지기

1 빈 칸에 들어갈 알맞은 말을 써넣으세요.

① 你什么时候_____? 당신은 언제 귀국하나요?

② 后天是奶奶的_____。모레가 할머니 환갑이세요.

③ 我们一起去_____她吧。우리 함께 가서 축하해드려요.

2 해석을 보고 다음 단어들을 어순에 맞게 배열해보세요.

① 오늘이 금요일이 아니라 내일이 금요일입니다.

  星期五   不是   明天   今天   星期五

  _____

② 당신은 언제 한국에 가나요?

  什么时候   韩国   去   你

  _____

3 다음 한국어 문장을 중국어로 바꿔보세요.

① 오늘은 11월 1일입니다.

  _____

② 그녀는 언제 서점에 가나요?

  _____

③ 내일 쯔진청(紫禁城 Zǐjìnchéng 자금성)에 가는 게 어때요?

  _____

08 UNIT

你家有几口人?
Nǐ jiā yǒu jǐ kǒu rén?

당신은 가족이 몇 명 있나요?

급속한 경제발달로 중국의 전통적 가족형태가 빠르게 변화하고 있습니다.
중국의 과거와 현재의 주거형태와 가정생활에 어떤 변화가 생겼는지 사진을 통해 알아볼까요?

쓰허위엔 四合院
건물 4채가 ㅁ자 형태로 배치되고 중앙에 작은 정원이 있는 전통 가옥형태로, 울타리 안에 대가족이 함께 모여 삽니다.

소황제 小皇帝
1가구 1자녀 정책에 따라 집안에서 황제처럼 떠받들어지며 자란 자녀를 지칭하는 말입니다.

학 습 포 인 트

- 가족 구성원 소개하기
- 직업 물어보고 소개하기

동영상 강의

후통 胡同
수많은 쓰허위엔 사이의 좁은 골목을 이르는 명칭으로, 베이징 사람들의 삶이 그대로 묻어있는 터전입니다.

딩커족 丁克族
경제적인 여유는 있지만 자유로운 삶을 위해 자녀 계획을 세우지 않는 젊은 맞벌이 부부를 가리키는 말입니다.

왕초보 필수 표현

1 나는 ~가 있습니다.

A: **你有姐姐吗？** 당신은 누나(언니)가 있나요?
  니 요우 지에 지에 마
  Nǐ yǒu jiějie ma?

B: **我有一个姐姐。** 나는 누나(언니)가 한 명 있습니다.
  워 요우 이 거 지에 지에
  Wǒ yǒu yí ge jiějie.

🎧 track 053

✓ "你有……吗?" 당신은 ~이 있습니까?

동사 '有'는 '~을 가지고 있다'라는 의미로 소유를 나타냅니다. "你有……吗?"로 질문했을 때, 긍정이면 '有', 부정이면 '没有'로 대답하고 "我有……。(나는 ~을 가지고 있습니다)"로 부연설명을 할 수 있습니다.

A: **你有弟弟吗？** 당신은 남동생이 있나요?
  Nǐ yǒu dìdi ma?

B1: **有，我有两个弟弟。** 있어요. 난 남동생이 두 명 있어요.
  Yǒu, wǒ yǒu liǎng ge dìdi.

B2: **没有，我有一个姐姐。** 없어요. 난 누나가 한 명 있어요.
  Méiyǒu, wǒ yǒu yí ge jiějie.

새 단어
yǒu
有 ~을 가지고 있다
ge
个 명, 개(사용 범위가 가장 넓은 양사)
méiyǒu
没有 없다

✓ 광범위한 양사 '个'

중국어의 큰 특징 중 하나는 수사가 명사를 꾸밀 때 단독으로 쓰이지 않고 사이에 양사를 써야 한다는 점입니다. 양사란 '개, 자루, 권, 명' 등과 같이 사람 또는 사물의 단위를 나타내는 것으로 어순은 다음과 같습니다.

> 수사(一)+양사(个)+명사(姐姐)

바꿔서 말해보세요!

워 메이요우 **我没有** Wǒ méiyǒu | 姐姐 jiějie / 弟弟 dìdi | ， 워 요우 **我有** wǒ yǒu | 哥哥 gēge / 妹妹 mèimei | 。

나는 누나(언니)는 없고, 형(오빠)이 있습니다.

나는 남동생은 없고 여동생이 있습니다.

2 우리 가족은 ~명입니다.

A: **你家有几口人?** 당신은 가족이 몇 명 있나요?
Nǐ jiā yǒu jǐ kǒu rén?

B: **有四口人，爸爸、妈妈、弟弟和我。**
Yǒu sì kǒu rén, bàba, māma, dìdi hé wǒ.
우리 가족은 아빠, 엄마, 남동생 그리고 나, 네 명이 있습니다.

🎧 track 054

✓ 가족 수를 물어보는 표현

"你家有几口人?"은 가족 수를 물어볼 때 쓰는 표현입니다. 이에 대한 대답을 할 때는 '几'의 자리에 숫자를 넣어주면 됩니다. 가족 구성원이 누가 있는지 소개할 때에는 일반적으로 가족을 순서대로 배열하고 자신을 맨 마지막에 소개합니다.(○, ○, ○和我。)

✓ 양사 '口'

일반적으로 사람에 대해 쓰이는 양사는 '个'이지만, 가족 수를 지칭할 때에는 '口'를 사용합니다. 가족이란 함께 밥을 먹는 사이이니, 밥을 먹을 때 사용하는 '口(입)'가 양사로 사용된다고 생각하면 기억하기 쉽겠죠?

✓ 나열에 쓰이는 쉼표 '、'

중국어 문장을 보다 보면 일반적인 쉼표(,) 외에 독특한 쉼표인 '、'를 볼 수 있습니다. '、'는 사물을 나열할 때 쓰이는 중국어만의 독특한 쉼표입니다.

★ **새 단어**
kǒu
口 명(가족 수를 세는 양사)
hé
和 그리고, ~와

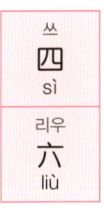

| 我家有 Wǒ jiā yǒu | 四 sì / 六 liù | 口人, kǒu rén, | 爸爸、妈妈、弟弟 bàba, māma, dìdi / 爸爸、妈妈、三个哥哥 bàba, māma, sān ge gēge | 和我。 hé wǒ. |

우리 가족은 아빠, 엄마, 남동생 그리고 나, 네 명이 있습니다.

우리 가족은 아빠, 엄마, 오빠(형) 세 명, 그리고 나, 여섯 명이 있습니다.

📖 왕초보 필수 표현

3 당신은 어떤 일을 하나요?

니 쭈어 션 머 꽁 쭈어
A: **你做什么工作?** 당신은 어떤 일을 하나요?
Nǐ zuò shénme gōngzuò?

워 스 라오 스
B: **我是老师。** 저는 선생님입니다.
Wǒ shì lǎoshī.

🎧 track 055

✓ 직업을 물어보는 표현 "你做什么工作?"

"你做什么工作?"는 상대방의 직업을 물을 때 가장 일반적으로 쓰는 표현입니다. 이에 대한 대답으로는 "我是○○。"를 쓰고 ○○에는 직업명이 들어갑니다.

이 외에 상대방의 직업을 묻는 표현으로 "你在哪儿工作?"가 있습니다.

A: **你在哪儿工作?** 당신은 어디에서 일하나요?
Nǐ zài nǎr gōngzuò?

B: **我在图书馆工作。** 나는 도서관에서 일합니다.
Wǒ zài túshūguǎn gōngzuò.

⭐ 새 단어

túshūguǎn
图书馆 도서관

jìzhě
记者 기자

바꾸서 말해보세요!

워 스   쉬에 셩
我是   **学生**   。   나는 학생입니다.
Wǒ shì   xuésheng

          찌 저
          记者   나는 기자입니다.
          jìzhě

그림으로 배우는 Feel必 어휘

track 056

✓ 직업과 관련된 어휘를 이용하여 다음 표현을 다양하게 연습해보세요.

他(她)是 _____。   그(그녀)는 _____ 입니다.

Tā shì _____.

긴 대화도 자신 있게 **회화 배우기**

🎧 track 057

회화 1

A: 你有姐姐吗?
Nǐ yǒu jiějie ma?

B: 有两❶个姐姐。
Yǒu liǎng ge jiějie.

A: 她们做什么工作?
Tāmen zuò shénme gōngzuò?

B: 大姐❷是医生，二姐❷是警察。
Dàjiě shì yīshēng, èrjiě shì jǐngchá.

회화 2

A: 你家有几口人?
Nǐ jiā yǒu jǐ kǒu rén?

B: 有三口人，爸爸、妈妈和我。我是独生女❸。
Yǒu sān kǒu rén, bàba, māma hé wǒ. Wǒ shì dúshēngnǚ.

A: 你爸爸在哪儿工作?❹
Nǐ bàba zài nǎr gōngzuò?

B: 他在大学教汉语。
Tā zài dàxué jiāo Hànyǔ.

A: 你妈妈呢?
Nǐ māma ne?

B: 她不工作。
Tā bù gōngzuò.

⭐ **새 단어**

liǎng	dàjiě	yīshēng	èrjiě	jǐngchá	dúshēngnǚ	jiāo	Hànyǔ
两 둘, 2	大姐 큰누나(언니)	医生 의사	二姐 둘째 누나(언니)	警察 경찰	独生女 외동딸	教 가르치다	汉语 중국어

A: 너는 누나가 있니?
B: (나는) 누나가 두 명 있어.
A: 누나들은 어떤 일을 하니?
B: 큰누나는 의사고, 둘째 누나는 경찰이야.

A: 너희 가족은 몇 명이니?
B: 세 식구야. 아빠, 엄마 그리고 나. 나는 외동딸이야.
A: 아빠는 어디에서 일하시니?
B: 아빠는 대학에서 중국어를 가르치셔.
A: 엄마는?
B: 엄마는 일을 안 하셔.

이것도 알아두세요!

❶ '2'가 양사 앞에 단독으로 쓰일 때는 '二'이 아닌 '两 liǎng'을 씁니다.

❷ 가족관계를 나타낼 때, '크다'라는 의미를 나타내는 '大'를 앞에 붙여주면 우리말의 '맏이'라는 의미를 부각해줍니다. 따라서 '大姐'는 '큰누나(언니)', '大哥'는 '큰형(오빠)'의 의미를 나타냅니다. 맏이를 제외한 나머지 형제는 숫자를 써서 표현합니다. '二姐'는 '둘째 누나(언니)', '三姐'는 '셋째 누나(언니)'를 나타냅니다. 또 중국어에서 우리말의 '막내'에 해당하는 말은 '老幺 lǎoyāo'입니다.

❸ '独生女'는 '외동딸'을 의미합니다. '외동아들'은 '独生子 dúshēngzǐ'라고 합니다.

❹ 앞에서 잠깐 언급했듯이 "你爸爸在哪儿工作?"는 "你爸爸做什么工作?"와 같은 의미로 직업을 물을 때 쓰는 표현입니다.

그림 따라 단어 따라 **표현** 늘리기

track 058

그림과 연관된 각 단어를 보기에 대입시켜 읽어보세요.

1 보기 A: 你有 姐姐 吗? B: 我有 一个姐姐。

①
哥哥，两个哥哥
gēge　liǎng ge gēge

②
妹妹，一个妹妹
mèimei　yí ge mèimei

③
弟弟，一个弟弟
dìdi　yí ge dìdi

2 보기 她家有 四口人。 爸爸，妈妈，弟弟 和她。

①
三，爸爸，妈妈
sān　bàba　māma

②
五，爸爸，妈妈，
wǔ　bàba　māma
姐姐，哥哥
jiějie　gēge

③
六，爸爸，妈妈，
liù　bàba　māma
妹妹，弟弟
mèimei　dìdi

3 보기 A: 你做什么工作? B: 我是 老师。

①
警察
jǐngchá

②
司机
sījī

③
歌手
gēshǒu

마무리 테스트로 단어 실력 다지기

1 다음 단어의 성조를 표시하세요.

① 口 - k o u ② 两 - l i a n g

③ 教 - j i a o ④ 汉语 - H a n y u

2 녹음을 듣고 각 단어와 일치하는 사진을 고르세요.

① _____ ② _____ ③ _____

 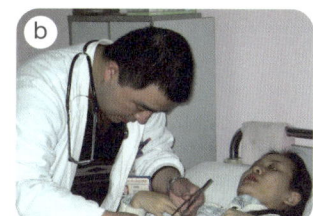 

3 빈 칸에 들어갈 알맞은 단어를 보기에서 고르세요.

보기   大姐   有   独生女

① 你_____哥哥吗? Nǐ yǒu gēge ma?

② _____是医生。Dàjiě shì yīshēng.

③ 我是_____。Wǒ shì dúshēngnǚ.

UNIT 08 你家有几口人?

마무리 테스트로 듣기 실력 다지기

track 060

1 녹음을 듣고 대화를 완성하세요.

① A: 你有姐姐吗?

　B: _____ ,

　　 我是_____ 。

② A: 你在哪儿工作?

　B: _____ 。

2 녹음을 듣고 각각의 그림과 일치하는 상황이 A인지 B인지 써넣으세요.

3 녹음을 듣고 녹음과 일치하는 문장에는 ○, 일치하지 않는 문장에는 ✕를 표시하세요.

① 我家有四口人。　　　☐

② 爸爸在银行工作。　　☐

③ 妈妈在医院工作。　　☐

④ 二哥是大学生。　　　☐

마무리 테스트로 쓰기 실력 다지기

1 빈 칸에 들어갈 알맞은 말을 써넣으세요.

① 我_____姐姐，我有弟弟。 나는 언니(누나)는 없고 남동생이 있습니다.

② 我家有三口人，爸爸、妈妈_____我。
우리 가족은 아빠, 엄마, 그리고 나, 세 명이 있습니다.

③ 我在_____工作。 나는 도서관에서 일합니다.

2 해석을 보고 다음 단어들을 어순에 맞게 배열해보세요.

① 저희 언니는 대학에서 중국어를 가르쳐요.

    汉语   姐姐   我   在   教   大学

_____

② 저희 아버지는 서점에서 일하세요.

    工作   爸爸   我   书店   在

_____

3 다음 한국어 문장을 중국어로 바꿔보세요.

① 저는 오빠 두 명과 여동생 한 명이 있어요.

_____

② 큰누나는 선생님이고 둘째 누나는 의사예요.

_____

③ 저희 엄마는 일을 안 하세요.

_____

09 UNIT

现在几点?
Xiànzài jǐ diǎn?

지금 몇 시인가요?

중국인들은 아침식사를 간단한 음식들로 해결합니다. 그래서 아침마다 길거리의 작은 음식 매대에는 아침을 사려는 사람들이 길게 줄을 선 모습을 자주 볼 수 있습니다.

지엔빙 煎饼
지지미나 호떡과 비슷한 모양으로 곡물가루를 반죽하여 기름에 지져 채소와 고기 등을 싸서 먹습니다.

또우지앙 豆浆
두유와 비슷한 콩즙으로 중국의 대표 음료입니다. 그 고소하고 담백한 맛에 길들여지면 헤어나오기 어렵습니다.

| 학 습 포 인 트 | • 시간 표현하기
• 하루 일과 표현하기
• 시간 약속하기 | 
동영상 강의 |

요우티아오 油条
꽈배기 모양의 밀가루 반죽을 기름에 튀긴 것으로 중국인들이 즐겨 먹는 대표적인 아침식사입니다.

시아오롱빠오 小笼包
딤섬으로 더 유명한 시아오롱빠오는 얇은 만두피 속 진한 육즙의 맛이 일품입니다.

왕초보 필수 표현

1 지금 몇 시인가요?

시엔 짜이 지 디엔
A: **现在几点?** 지금 몇 시인가요?
　　Xiànzài jǐ diǎn?

리우 디엔 쓰 스 펀
B: **六点四十分。** 6시 40분입니다.
　　Liù diǎn sìshí fēn.

track 061

✓ 시간 읽는 법(1)

중국어로 시간을 표현할 때 시는 '点'으로 분은 '分'으로 나타내며, 각각의 단위 앞에 숫자를 붙여 읽어줍니다. 단, 30분의 경우 우리말에서 '30분' 혹은 '반'이라는 표현을 쓰는 것처럼, 중국어에서도 '三十分' 외에 '半(bàn)'으로도 표현할 수 있습니다.

6:05 六**点**五**分** liù diǎn wǔ fēn

6:20 六**点**二十**分** liù diǎn èrshí fēn

6:30 六**点**三十**分** liù diǎn sānshí fēn / 六**点半** liù diǎn bàn

✓ 시간 관련 표현 익히기

上午 shàngwǔ 오전　　中午 zhōngwǔ 정오　　下午 xiàwǔ 오후

早上 zǎoshang 아침　　晚上 wǎnshang 저녁

★ 새 단어
diǎn
点 시
fēn
分 분
bàn
半 반, 30분

바꿔서 말해보세요!

시엔짜이　　디엔　　　　　펀
现在　　　**点**　　　　　**分。**
Xiànzài　　　diǎn　　　　　fēn.

지금은 10시 5분입니다.

지금은 3시 25분입니다.

106

2 몇 시에 ~을 하나요?

A: **你几点吃早饭?** 당신은 몇 시에 아침식사를 하나요?
Nǐ jǐ diǎn chī zǎofàn?

B: **差一刻七点。** 7시 15분 전에 합니다.
Chà yí kè qī diǎn.

🎧 track 062

✓ 시간 읽는 법(2)

중국어에서는 15분을 한 단위로 간주하여 '刻(kè)'라는 표현을 씁니다. (단, 30분은 '两刻'라고 쓰지 않습니다.)

11:15 　十一点一刻　shíyī diǎn yí kè
11:30 　十一点半　shíyī diǎn bàn
11:45 　十一点三刻　shíyī diǎn sān kè

중국어에도 우리말처럼 '~시 ~분 전'과 같은 표현이 있는데 '부족하다', '모자라다'의 뜻을 지닌 동사 '差(chà)'를 이용해서 표현합니다.

8:50 　八点五十分　bā diǎn wǔshí fēn
　　　差十分九点　chà shí fēn jiǔ diǎn
9:45 　九点四十五分　jiǔ diǎn sìshíwǔ fēn
　　　九点三刻　jiǔ diǎn sān kè
　　　差一刻十点　chà yí kè shí diǎn

★ 새 단어

zǎofàn
早饭 아침식사
chà
差 모자라다, 부족하다
kè
刻 15분을 세는 단위
shàngbān
上班 출근하다
xiàbān
下班 퇴근하다

바꿔서 말해보세요!

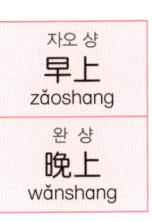

| 我 Wǒ | 早上 zǎoshang / 晚上 wǎnshang | 八 bā / 七 qī | 点 diǎn | 上班 shàngbān / 下班 xiàbān | 。|

나는 아침 8시에 출근합니다.

나는 저녁 7시에 퇴근합니다.

왕초보 필수 표현

3 우리 ~합시다.

A: **我们一起去打保龄球，好吗？**
워 먼 이 치 취 다 바오 링 치우 하오 마
Wǒmen yìqǐ qù dǎ bǎolíngqiú, hǎo ma?
우리 같이 볼링 치러 가죠, 어때요?

B: **好，两个小时以后去吧。** 좋아요, 두 시간 후에 갑시다.
하오 량 거 시아오 스 이 호우 취 바
Hǎo, liǎng ge xiǎoshí yǐhòu qù ba.

track 063

✓ 양사 앞에 쓰이는 '两'

양사 앞에 '2'가 단독으로 쓰일 때에는 '二'이 아닌 '两'을 써야 합니다.

两个小时 liǎng ge xiǎoshí 두 시간 　　**两个人** liǎng ge rén 두 사람

단독이 아니라 여러 자리 수 중 마지막 단위가 될 때는 '二'을 씁니다.

晚上十二点 wǎnshang shí'èr diǎn 밤 12시

二十二个学生 èrshí'èr ge xuésheng 학생 22명

새 단어

打 dǎ (공을) 치다, 때리다
保龄球 bǎolíngqiú 볼링
小时 xiǎoshí 시간
以后 yǐhòu ~후에
两天 liǎngtiān 이틀

✓ 제안, 동의, 추측 등의 의미를 나타내는 '吧'

'吧'는 진술문의 끝에 쓰여 제안, 동의, 추측을 나타냅니다.

我们一起学习吧。 우리 같이 공부하자. → 제안
Wǒmen yìqǐ xuéxí ba.

好吧，我也去。 좋아, 나도 갈게. → 동의
Hǎo ba, wǒ yě qù.

你妹妹也好吧？ 너의 여동생도 잘 지내지? → 추측
Nǐ mèimei yě hǎo ba?

바꿔서 말해보세요!

워 먼
我们
Wǒmen

| 이 거 시아오 스 |
| 一个小时 yí ge xiǎoshí |
| 량 티엔 |
| 两天 liǎngtiān |

이 호우 취 바
以后去吧。
yǐhòu qù ba.

우리 한 시간 뒤에 갑시다.

우리 이틀 뒤에 갑시다.

그림으로 배우는 Feel必 어휘

track 064

起床 일어나다 qǐchuáng

上班 출근하다 shàngbān

上学 등교하다 shàngxué

吃早饭 chī zǎofàn 아침을 먹다

吃午饭 chī wǔfàn 점심을 먹다

下班 퇴근하다 xiàbān

放学 fàngxué 학교가 파하다

吃晚饭 chī wǎnfàn 저녁을 먹다

睡觉 잠자다 shuìjiào

✓ 하루일과와 관련된 어휘를 이용하여 다음 표현을 다양하게 연습해보세요.

你几点 _____ ?　　　　너는 몇 시에 _____ 하니?

Nǐ jǐ diǎn _____ ?

UNIT 09　现在几点？

긴 대화도 자신 있게 **회화 배우기**

🎧 track 065

회화 1

A: 시엔 짜이 지 디엔
现在几点?
Xiànzài jǐ diǎn?

B: 차 스 펀 리우 디엔
差十分六点。
Chà shí fēn liù diǎn.

A: 니 지 디엔 츠 자오 판
你几点吃早饭?
Nǐ jǐ diǎn chī zǎofàn?

B: 워 치 디엔 츠 자오 판
我七点吃早饭。
Wǒ qī diǎn chī zǎofàn.

A: 지 디엔 샹 빤
几点上班?
Jǐ diǎn shàngbān?

B: 치 디엔 빤 샹 빤
七点半上班。
Qī diǎn bàn shàngbān.

회화 2

A: 워 먼 이 치 취 다 바오 링 치우   하오 마
我们一起去打保龄球，好吗?
Wǒmen yìqǐ qù dǎ bǎolíngqiú, hǎo ma?

B: 하오 지 디엔 취
好。几点去?
Hǎo. Jǐ diǎn qù?

A: 완 샹 빠 디엔   쩐 머 양 ❶
晚上八点，怎么样❶?
Wǎnshang bā diǎn, zěnmeyàng?

B: 타이 완 러 ❷   빤 거 ❸ 시아오 스 이 호우
太晚了❷，半个❸小时以后
Tài wǎn le, bàn ge xiǎoshí yǐhòu

취 바
去吧。
qù ba.

⭐ **새 단어**

tài	wǎn	zěnmeyàng	le
太 너무, 아주	**晚** 늦다	**怎么样** 어떠한가	**了** 문장 끝에 쓰여 변화를 나타냄

110

A : 지금 몇 시니?
B : 6시 10분 전이야.
A : 너는 몇 시에 아침을 먹니?
B : 나는 7시에 아침을 먹어.
A : 몇 시에 출근하니?
B : 7시 반에 출근해.

A : 우리 같이 볼링 치러 가자. 어때?
B : 좋아. 몇 시에 갈 건데?
A : 저녁 8시 어떠니?
B : 너무 늦어. 30분 후에 가자.

이것도 알아두세요!

❶ '怎么样'은 '~은 어떠한가'라는 의미로, 자신의 의견에 대한 상대방의 의견을 물어볼 때 사용하는 표현입니다.

❷ '太+형용사+了'는 '정말 ~하구나(긍정)' 혹은 '너무 ~하다(부정)'라는 뜻을 나타내는 감탄문의 형식으로, 주로 놀람, 기쁨, 또는 아주 좋지 않은 감정 등을 강조할 때 쓰입니다.

太好了！ 정말 좋다 (긍정)
Tài hǎo le!

太贵了！ 너무 비싸다 (부정·불만)
Tài guì le!

❸ 시간의 양을 나타내는 '小时' 역시 양사는 '个'를 사용합니다.

그림 따라 단어 따라 **표현 늘리기**

track 066

그림과 연관된 각 단어를 보기에 대입시켜 읽어보세요.

① 보기　　A: 现在几点？　B: 六点 四十 分。

① 两，三十 / 两，半
　liǎng sānshí　liǎng bàn

② 十二，五十五
　shí'èr　wǔshíwǔ

③ 八，十
　bā　shí

② 보기　　A: 你几点 吃早饭？　B: 差一刻八点 / 七点三刻。

① 吃晚饭，6:45
　chī wǎnfàn

② 上班，8:15
　shàngbān

③ 下班，7:15
　xiàbān

③ 보기　　A: 我们一起去 公园，好吗？　B: 好。三天 以后去吧。

① 学习，半个小时
　xuéxí　bàn ge xiǎoshí

② 看电影，两天
　kàn diànyǐng　liǎngtiān

③ 玩儿电脑游戏，一个小时
　wánr diànnǎo yóuxì　yí ge xiǎoshí

마무리 테스트로 **단어** 실력 다지기

1 다음 단어의 성조를 표시하세요.

① 点 - dian   ② 分 - fen

③ 差 - cha   ④ 小时 - xiaoshi

2 녹음을 듣고 각 단어와 일치하는 사진을 고르세요.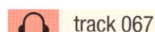

① _____   ② _____   ③ _____

3 빈 칸에 들어갈 알맞은 단어를 보기에서 고르세요.

| 보기 | 刻　　点　　以后　　分　　差 |

① 现在七_____三十_____。 Xiànzài qī diǎn sānshí fēn.

② 我_____一_____八点吃早饭。 Wǒ chà yí kè bā diǎn chī zǎofàn.

③ 我们两个小时_____去吧。 Wǒmen liǎng ge xiǎoshí yǐhòu qù ba.

UNIT 09 现在几点?

마무리 테스트로 듣기 실력 다지기

1 녹음을 듣고 대화를 완성하세요.

① A: 你几点起床?

B: _____。

② A: 晚上九点去看电影吧。

B: _____。

2 녹음을 듣고 각각의 그림과 일치하는 상황이 A인지 B인지 써넣으세요.

①  ☐

②  ☐

3 녹음을 듣고 녹음과 일치하는 문장에는 ○, 일치하지 않는 문장에는 ✕를 표시하세요.

① 我早上六点吃早饭。 ☐

② 早上八点半上班。 ☐

③ 晚上六点下班，七点半吃晚饭。 ☐

④ 今天晚上我跟朋友一起去打保龄球。 ☐

마무리 테스트로 쓰기 실력 다지기

1 빈 칸에 들어갈 알맞은 말을 써넣으세요.

① 你几点_____? 당신은 몇 시에 출근하나요?

② 我八点_____吃晚饭。 나는 8시 15분에 저녁을 먹습니다.

③ 我们_____以后去看电影吧。 우리 이틀 후에 영화 보러 가자.

2 해석을 보고 다음 단어들을 어순에 맞게 배열해보세요.

① 나는 7시 10분 전에 아침을 먹습니다.

分　点　早饭　差　七　吃　我　十

_____

② 너무 늦어요, 30분 후에 갑시다.

小时　个　了　以后　半　去　晚　吧　太

_____

3 다음 한국어 문장을 중국어로 바꿔보세요.

① 지금은 8시 15분 전입니다.

_____

② 우리 같이 퇴근해요. 어때요?

_____

③ 우리 아침 9시에 가요.

_____

UNIT 09　现在几点?

10 UNIT

一共多少钱?
Yígòng duōshao qián?

모두 얼마인가요?

중국 시장에는 정말 없는 것이 없을 정도로 물건이 많습니다. 재래시장부터 의류시장, 골동품시장 등 중국 서민들의 삶이 그대로 묻어있는 터전인 시장을 통해 중국의 과거와 현재의 모습을 알아보아요.

훙치아오 红桥
한국인이라면 한 번쯤 가봤을 모조품 시장으로 전세계 유명 브랜드의 이미테이션들이 다 모여있습니다.

왕푸징 王府井
참새, 번데기, 뱀, 전갈 등의 꼬치가 유명한 야시장으로, 베이징의 명동이라 불릴 만큼 번화한 곳입니다.

| 학 습 포 인 트 | • 중국의 화폐단위와 돈 세는 방법 익히기
• 여러 가지 양사를 이용하여 표현하기
• 물건 사기 |

동영상 강의

판지아위엔 潘家园
베이징의 골동품 시장으로, 오랜 역사만큼이나 다양한 물건들이 많고, 유서 깊은 물건들을 싼값에 구입할 수 있습니다.

리우리창 琉璃厂
공예품, 문화예술품을 판매하는데 특히 문방사우를 싸게 살 수 있어 문인들에게 많은 사랑을 받는 곳입니다.

왕초보 필수 표현

1 무엇을 사실 건가요?

니 야오 마이 션 머
A: **你要买什么?** 무엇을 사실 건가요?
Nǐ yào mǎi shénme?

워 야오 량 핑 피 지우
B: **我要两瓶啤酒。** 저는 맥주 두 병을 원합니다.
Wǒ yào liǎng píng píjiǔ.

🎧 track 069

✅ '要'의 여러 가지 용법

'要'가 동사로 쓰이면 '~을 필요로 하다(원하다)'라는 뜻을 나타냅니다.

你要什么? 당신은 무엇이 필요한가요?
Nǐ yào shénme?

또 동사 앞에서 조동사로 쓰이기도 하는데 이 때는 '~하려고 하다(의지)'와 '~해야 한다(의무)'의 두 가지 의미를 나타냅니다. 의지를 나타낼 경우에는 '不想(bùxiǎng ~하고 싶지 않다)'으로, 의무를 나타낼 때에는 '不用(búyòng ~할 필요가 없다)'으로 부정합니다.

A: **我要去中国，你呢?** 나는 중국에 가려고 하는데, 넌 어때?
Wǒ yào qù Zhōngguó, nǐ ne?

B: **我不想去。** 나는 가고 싶지 않아.
Wǒ bùxiǎng qù.

A: **我要去中国，你呢?** 나는 중국에 가야 하는데, 넌 어때?
Wǒ yào qù Zhōngguó, nǐ ne?

B: **我不用去。** 나는 갈 필요 없어.
Wǒ búyòng qù.

⭐ 새 단어

yào
要 필요로 하다,
　 ~을 하려고 하다

píng
瓶 병, 병을 세는 양사

píjiǔ
啤酒 맥주

kělè
可乐 콜라

바꿔서 말해보세요!

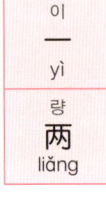 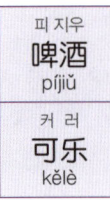

워 야오　　　　　　　핑
我要　　　　　　　**瓶**　　　　　。　맥주 한 병 주세요.
Wǒ yào　　　　　　 píng
　　　　　　　　　　　　　　　　　　　콜라 두 병 주세요.

2 모두 얼마인가요?

A: **一共多少钱?** 모두 얼마인가요?
Yígòng duōshao qián?
이 꽁 뚜어 샤오 치엔

B: **五块五毛。** 5.5위엔입니다.
Wǔ kuài wǔ máo.
우 콰이 우 마오

track 070

중국의 화폐 단위

중국의 화폐는 런민삐(人民币 rénmínbì)로 그 단위는 다음과 같습니다.

块 kuài (元 yuán) - 毛 máo (角 jiǎo) - 分 fēn

38.57元 → 三十八**块**五**毛**七(**分**) sānshíbā kuài wǔ máo qī (fēn)

① 중국의 화폐에는 '元'과 '角'라고 표기되어 있지만, 일상적으로 물건을 사고 팔 때에는 구어체인 '块'와 '毛'라는 표현을 씁니다.

② 화폐의 마지막 단위는 주로 생략해서 읽어줍니다.

　5.3元 → 五块三 wǔ kuài sān

② 화폐의 중간 단위가 비어있을 때는 0을 뜻하는 '零(líng)'을 넣어줍니다.

　30.07元 → 三十块**零**七分 sānshí kuài língqī fēn

③ 2가 단독으로 화폐 단위 앞에 놓일 때는 '两'으로 읽어줍니다. 단, 맨 마지막 단위일 때에는 '二'로 읽어야 합니다.

　2.2元 → **两**块二 liǎng kuài èr
　2.22元 → **两**块**两**毛二 liǎng kuài liǎng máo èr

새 단어

yígòng
一共 모두, 총

duōshao
多少 얼마

qián
钱 돈

kuài
块 위엔[화폐단위]

máo
毛 마오[화폐단위]

바꿔서 말해보세요!

一共 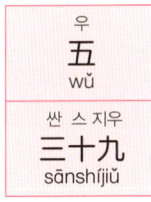 块 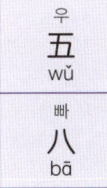 。
Yígòng　　　　　　kuài

총 5.5위엔입니다.

총 39.8위엔입니다.

📖 왕초보 필수 표현

3 ～는 어떻게 파나요?

차오 메이 쩐 머 마이
A: **草莓怎么卖?** 딸기는 어떻게 파나요?
Cǎoméi zěnme mài?

이 진 쓰 콰이 얼
B: **一斤四块二。** 한 근에 4.2위엔입니다.
Yì jīn sì kuài èr.

 track 071

✅ **가격을 묻는 표현 '怎么卖'**

'怎么'는 '어째서, 어떻게, 왜' 등을 의미하는 의문사로, 야채나 과일 등 근으로 파는 상품에 대해 가격을 물을 때 "○○怎么卖?"를 사용하여 물어볼 수 있습니다.
앞에서 배웠던 "多少钱?"은 "얼마입니까?"라는 의미로, 중국어에서 물건을 살 때 가장 많이 사용하는 표현입니다.

✅ **농산물을 세는 단위 '斤'**

야채나 과일 등은 근으로 계산하기 때문에, "한 근에 얼마예요?"라는 의미로 "一斤多少钱?"이라는 표현을 많이 씁니다. 이에 대한 대답은 "一斤○○钱。(한 근에 ~예요.)" 라고 합니다.

⭐ **새 단어**

cǎoméi
草莓 딸기

zěnme
怎么 어떻게

mài
卖 팔다

jīn
斤 근

pútáo
葡萄 포도

바꿔서 말해보세요!

| 차오 메이
草莓
Cǎoméi | 이 진
一斤
yì jīn | 우
五
wǔ | 콰이
块
kuài | 얼
二
èr | 。 | 딸기는 한 근에 5.2위엔입니다. |
| 푸 타오
葡萄
Pútáo | | 싼
三
sān | | 빠
八
bā | | 포도는 한 근에 3.8위엔입니다. |

120

그림으로 배우는 Feel必 어휘

track 072

과일과 관련된 어휘를 이용하여 다음 표현을 다양하게 연습해보세요.

_____ 怎么卖?　　　_____는 어떻게 파나요?

_____ zěnme mài?

UNIT 10　一共多少钱?

긴 대화도 자신 있게 **회화 배우기**

🎧 track 073

회화 1

A: 니 야오 마이 션 머
你要买什么?
Nǐ yào mǎi shénme?

B: 요우 칭 다오 피 지우 마
有青岛啤酒吗?
Yǒu Qīngdǎo Píjiǔ ma?

A: 요우 야오 지 핑
有。要几瓶?
Yǒu. Yào jǐ píng?

B: 야오 량 핑 하이 야오 이 팅 청 쯔 이 꽁 뚜어 샤오 치엔
要两瓶。还要❶一听橙汁。一共多少钱?
Yào liǎng píng. Hái yào yì tīng chéngzhī. Yígòng duōshao qián?

A: 스 산 콰이 우 마오
十三块五毛。
Shísān kuài wǔ máo.

회화 2

A: 차오 메이 쩐 머 마이
草莓怎么卖?
Cǎoméi zěnme mài?

B: 이 진 쓰 콰이 리우
一斤四块六。
Yì jīn sì kuài liù.

A: 타이 꾸에이 러 피엔 이 디-얼 바
太贵了,便宜点儿❷吧。
Tài guì le, piányi diǎnr ba.

B: 쓰 콰이 이 진 쩐 머 양
四块一斤,怎么样?
Sì kuài yì jīn, zěnmeyàng?

A: 하오 워 마이 싼 진 게이 니 치엔
好。我买三斤,给你钱❸。
Hǎo. Wǒ mǎi sān jīn, gěi nǐ qián.

 새 단어

Qīngdǎo Píjiǔ	hái	tīng	chéngzhī	guì	piányi	gěi
青岛啤酒 칭다오맥주	还 또	听 캔(양사)	橙汁 오렌지주스	贵 비싸다	便宜 싸다	给 주다

A: 무엇을 사시겠습니까?
B: 칭다오맥주 있나요?
A: 있습니다. 몇 병 드릴까요?
B: 두 병이요. 오렌지주스도 한 캔 주세요. 모두 얼마인가요?
A: 13.5위엔입니다.

A: 딸기는 어떻게 파나요?
B: 한 근에 4.6위엔입니다.
A: 너무 비싸네요. 좀 싸게 해주세요.
B: 한 근에 4위엔 어떠세요?
A: 좋아요. 세 근 살게요. 여기 돈 받으세요.

이것도 알아두세요!

❶ '还要'에서 '还'는 '또'라는 의미를 나타내는 부사입니다. '还要'는 '~도 필요하다'의 의미로, 물건을 추가로 구입할 때 쓰는 표현입니다.

❷ '便宜点儿'에서 '点儿'은 동사나 형용사 뒤에 쓰여 '약간', '조금' 등의 뜻을 나타냅니다.

❸ '给你钱'은 직역하면 "당신에게 돈을 드리겠습니다."가 되는데, 실제로는 "(돈) 여기 있습니다."라는 의미로 계산을 할 때 돈을 내면서 하는 표현입니다.

그림 따라 단어 따라 **표현** 늘리기

track 074

그림과 연관된 각 단어를 보기에 대입시켜 읽어보세요.

1 보기　　　A: 你要买什么?　　B: 我要买 两瓶 啤酒。

①
一听，可乐
yì tīng　kělè

②
一斤，苹果
yì jīn　píngguǒ

③
三听，橙汁
sān tīng　chéngzhī

2 보기　　　A: 一共多少钱?　　B: 五块 五毛 三。

①
4.2元

②
6.74元

③
3.08元

3 보기　　　A: 草莓怎么卖?　　B: 一斤 四块 二。

①
橘子，6.3元
júzi

②
香蕉，8.4元
xiāngjiāo

③
葡萄，5.9元
pútáo

마무리 테스트로 단어 실력 다지기

1 다음 단어의 성조를 표시하세요.

① 要 - yao　　　　② 瓶 - ping

③ 块 - kuai　　　　④ 斤 - jin

2 녹음을 듣고 각 단어와 일치하는 사진을 고르세요.

① _____　　② _____　　③ _____

3 빈 칸에 들어갈 알맞은 단어를 보기에서 고르세요.

　　보기　　　可乐　　卖　　一共

① 我要两瓶_____。Wǒ yào liǎng píng kělè.

② _____多少钱? Yígòng duōshao qián?

③ 葡萄怎么_____? Pútáo zěnme mài?

UNIT 10　一共多少钱?　　125

마무리 테스트로 듣기 실력 다지기

1 녹음을 듣고 대화를 완성하세요.

① A: 你要买什么?

B: _____?

② A: 草莓一斤四块二。

B: 太贵了, _____。

2 녹음을 듣고 각각의 그림과 일치하는 상황이 A인지 B인지 써넣으세요.

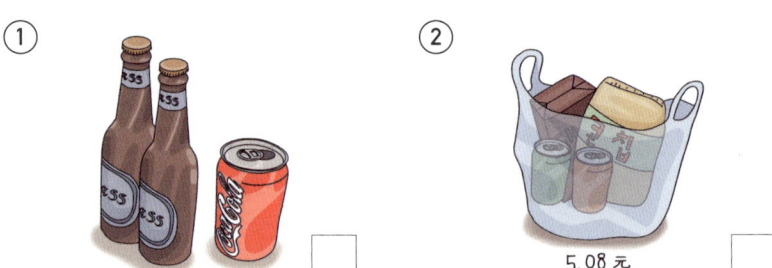

3 녹음을 듣고 녹음과 일치하는 문장에는 ○, 일치하지 않는 문장에는 ×를 표시하세요.

① 香蕉一斤三块八。

② 草莓一斤四块三。

③ 王丽要买三斤香蕉和一斤草莓。

④ 王丽买的水果一共十五块七。

마무리 테스트로 쓰기 실력 다지기

1 빈 칸에 들어갈 알맞은 말을 써넣으세요.

① 我_____去中国。 나는 중국에 가고 싶지 않습니다.

② 我_____去中国。 나는 중국에 갈 필요가 없습니다.

③ 一共_____块_____毛_____。 모두 2.22위엔입니다.

2 해석을 보고 다음 단어들을 어순에 맞게 배열해보세요.

① 나는 맥주 두 병을 원합니다, 오렌지 주스도 한 캔 주세요.

啤酒　两　一　橙汁　听　要　我　瓶　还要

_____

② 나는 딸기 세 근을 살게요, 돈 여기 있어요.

草莓　给　我　买　钱　斤　三　你

_____

3 다음 한국어 문장을 중국어로 바꿔보세요.

① 모두 얼마입니까?

_____

② 한 근에 4.2위엔, 어때요?

_____

③ 사과 한 근도 주세요.

_____

UNIT 11

你今年多大?
Nǐ jīnnián duō dà?

당신은 올해 나이가 몇인가요?

오랜 역사를 지닌 도시인 만큼 다양한 볼거리와 이야깃거리를 간직한 곳이 바로 베이징입니다. 베이징의 관광지만 구경하려고 해도 일주일이 넘게 걸릴 만큼 보아야 할 것도 배울 것도 많습니다.

쯔진청 紫禁城
명, 청 시대의 궁전으로 10미터나 되는 성벽으로 둘러싸여 있고 그 안에는 9천여 개에 달하는 방이 있습니다.

티엔탄 天坛
황제가 하늘에 제사를 지냈던 제단으로 면적이 쯔진청의 4배나 된다고 하네요.

학 습 포 인 트

- 상대방의 나이 물어보기
- 띠를 묻고 답하기
- 어림수 표현하기

동영상 강의

만리장성 长城
북방 유목민의 침입과 약탈로부터 백성을 보호하기 위해 만든 성벽으로 길이가 만리에 달한다고 해서 붙여진 이름입니다.

이허위엔 颐和园
서태후(西太后)의 여름 피서지로 유네스코 세계문화유산에 등재되었을 정도로 아름다운 경관을 자랑합니다.

왕초보 필수 표현

1 올해 나이가 몇인가요?

니 찐 니엔 뚜어 따
A: **你今年多大?** 당신은 올해 나이가 몇인가요?
Nǐ jīnnián duō dà?

워 싼 스 우 쑤에이
B: **我三十五岁。** 저는 서른다섯 살입니다.
Wǒ sānshíwǔ suì.

track 077

✅ **나이를 묻는 표현**

나이를 묻는 방법은 상대방의 연령에 따라 여러 가지가 있습니다.

① 10세 이하의 어린아이에게 묻는 경우

你今年几岁? 너 올해 몇 살이니?
Nǐ jīnnián jǐ suì?

② 동년배에게 묻는 경우

你今年多大? 올해 나이가 몇인가요?
Nǐ jīnnián duō dà?

③ 연세가 많은 어른에게 묻는 경우

您多大年纪? 올해 연세가 어떻게 되세요?
Nín duō dà niánjì?

⭐ **새 단어**

duō
多 얼마나

dà
大 (나이가) 많다

duō dà
多大 (나이가) 얼마인가

suì
岁 세, 살

niánjì
年纪 나이

바꿔서 말해보세요!

| 워
我
Wǒ | 찐 니엔
今年
jīnnián | 쓰 스
四十
sìshí | 쑤에이
岁。
suì. | 나는 올해 마흔 살입니다. |
| 워 뉘 얼
我女儿
Wǒ nǚ'ér | | 빠
八
bā | | 내 딸은 올해 여덟 살입니다. |

2 당신은 무슨 띠인가요?

니 슈 션 머
A: **你属什么？** 당신은 무슨 띠인가요?
Nǐ shǔ shénme?

워 슈 투
B: **我属兔。** 나는 토끼띠입니다.
Wǒ shǔ tù.

track 078

✓ 띠를 묻는 표현

직접적으로 나이를 묻는 방법 외에도 띠를 통해 상대방의 나이를 짐작할 수 있습니다. 띠를 물을 때에는 동사 '属'를 사용합니다. 띠를 나타내는 다음 어휘들을 익혀두세요.

★ 새 단어

shǔ
属 ~띠이다

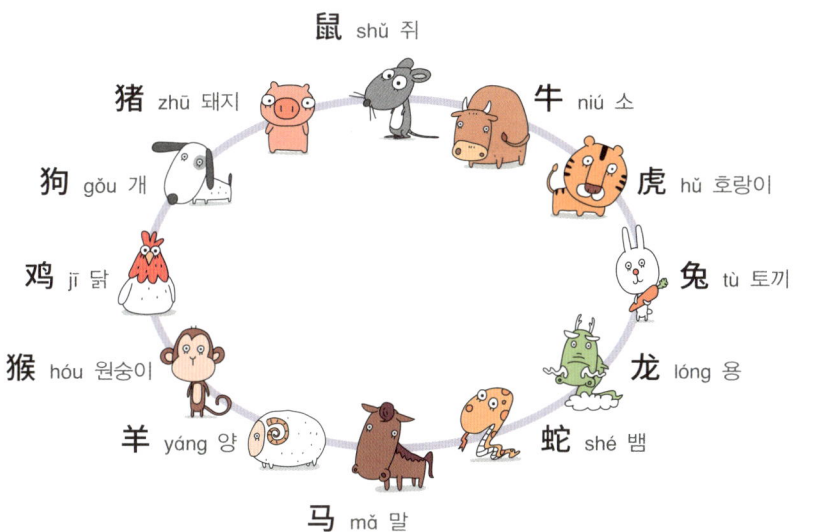

바꿔서 말해보세요!

워 슈
我属 | 양 羊 yáng | 。 나는 양띠입니다.
Wǒ shǔ | 쭈 猪 zhū | 나는 돼지띠입니다.

UNIT 11 你今年多大?   131

왕초보 필수 표현

3 ~는 얼마나 넓은가요?

A: **长安街多宽?** 창안지에는 얼마나 넓은가요?
Cháng'ānjiē duō kuān?

B: **五十米左右。** 50m 정도 됩니다.
Wǔshí mǐ zuǒyòu.

track 079

✓ 의문부사 '多'를 이용하여 정도를 묻는 표현

단음절 형용사 앞에 '多'를 붙이면 형용사의 정도를 묻는 의문문이 되어, '얼마나 ~한가?'라는 의미를 나타냅니다. 다음 표현들을 익혀 보세요.

多大 duō dà 얼마나 큰가 / (나이가) 얼마나 많은가

多高 duō gāo 얼마나 높은가 / (키가) 얼마나 큰가

多远 duō yuǎn 얼마나 먼가 / 多长 duō cháng 얼마나 긴가

多重 duō zhòng 얼마나 무거운가 / 多宽 duō kuān 얼마나 넓은가

✓ 중국어로 어림수 표현하기

'左右(zuǒyòu)'는 어림수를 나타내는 표현으로, 숫자 뒤에 쓰여 '정도, 쯤'으로 해석됩니다.

一米七(十)左右 yī mǐ qī (shí) zuǒyòu 1m 70cm 정도

三十岁左右 sānshí suì zuǒyòu 서른 살 가량

★ 새 단어

Cháng'ān jiē
长安街 창안지에(거리명)

duō
多 얼마나 ~한가

kuān
宽 넓다

mǐ
米 미터

zuǒyòu
左右 정도, 쯤

Chángchéng
长城 만리장성

cháng
长 길다

xíngli
行李 짐

zhòng
重 무겁다

| 창청
长城
Chángchéng | 뚜어
多
duō | 창
长
cháng | ? | 만리장성은 얼마나 긴가요? |
| 타 더 씽리
她的行李
Tā de xíngli | | 쭝
重
zhòng | | 그녀의 짐은 얼마나 무거운가요? |

그림으로 배우는 Feel必 어휘

🎧 track 080

✅ 반대의 뜻으로 쓰이는 형용사를 이용하여 다음 표현을 다양하게 연습해보세요.

这个 _____, 那个 _____ 。 이것은 _____하고 저것은 _____하다.

Zhè ge _____, nà ge _____.

긴 대화도 자신 있게 **회화 배우기**

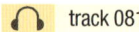 track 081

A: 你儿子今年多大?
Nǐ érzi jīnnián duō dà?

B: 他今年十七岁。
Tā jīnnián shíqī suì.

A: 他属什么?
Tā shǔ shénme?

B: 他属龙。
Tā shǔ lóng.

A: 他个子多高❶?
Tā gèzi duō gāo?

B: 一米七十多❷。
Yī mǐ qīshí duō.

A: 那你父亲今年多大年纪?
Nà nǐ fùqin jīnnián duō dà niánjì?

B: 他今年七十三。
Tā jīnnián qīshísān.

A: 听说❸, 天安门前边的长安街非常宽。
Tīngshuō, Tiān'ānmén qiánbian de Cháng'ānjiē fēicháng kuān.

那条马路多宽?
Nà tiáo mǎlù duō kuān?

B: 五十米左右。
Wǔshí mǐ zuǒyòu.

 새 단어

gèzi
个子 키

gāo
高 (키가) 크다

fùqin
父亲 아버지

tīngshuō
听说 듣자하니

Tiān'ānmén
天安门 천안문

qiánbian
前边 앞 쪽

fēicháng
非常 아주, 매우

tiáo
条 길을 세는 양사

mǎlù
马路 대로, 큰길

A: 아들이 올해 몇 살이에요?
B: 올해 열일곱 살이에요.
A: 무슨 띠인가요?
B: 용띠예요.
A: 키가 얼마나 되나요?
B: 170여 센티미터예요.
A: 그럼 올해 아버님 연세는 어떻게 되세요?
B: 올해 일흔셋이세요.

A: 티엔안먼 앞의 창안지에가 굉장히 넓다고 들었는데, 그 도로가 얼마나 넓은가요?
B: 50m 정도 되요.

이것도 알아두세요!

❶ 앞에서 배웠듯이, 단음절 형용사 앞에 '多'를 붙이면 형용사의 정도를 묻는 의문문이 됩니다. '高'는 '높다'라는 의미도 있지만 여기서는 '(키가) 크다'라는 뜻을 나타내서 '多高'는 '키가 얼마나 큰가요?'라는 뜻이 됩니다.

❷ '左右'를 붙이는 것 외에, 숫자 뒤에 '多'를 붙여서 어림수를 나타내기도 합니다. 이렇게 '多'를 붙이면 앞에 언급한 수를 조금 넘는 수를 의미합니다.

❸ '听说'는 전해들은 말을 언급할 때 쓰는 표현으로 '듣자하니 ~라고 한다'라는 뜻을 나타냅니다.

그림 따라 단어 따라 **표현 늘리기**

track 082

그림과 연관된 각 단어를 보기에 대입시켜 읽어보세요.

1 보기　　　A: 你今年 多大 ?　　B: 我 三十五岁 。

① 　　② 　　③

几岁， 六　　　　　多大年纪， 七十四　　　多大， 十八
jǐ suì　liù　　　　duō dà niánjì　qīshísì　　duō dà　shíbā

2 보기　　　A: 你属什么?　　B: 我属 兔 。

① 　　② 　　③

鸡　　　　　　马　　　　　　牛
jī　　　　　　mǎ　　　　　　niú

3 보기　　　A: 长安街多 宽 ?　　B: 五十米左右 。

① 　　② 　　③

你的行李， 重， 四公斤　　你的个子， 高， 一米八　　这条马路， 宽， 三十米
nǐ de xíngli　zhòng　sì gōngjīn　　nǐ de gèzi　gāo　yī mǐ bā　　zhè tiáo mǎlù　kuān　sānshí mǐ
　　　　　　　　　(킬로그램 kg)

마무리 테스트로 **단어** 실력 다지기

1 다음 단어의 성조를 표시하세요.

① 多 - duo   ② 属 - shu

③ 宽 - kuan   ④ 米 - mi

2 녹음을 듣고 각 단어와 일치하는 사진을 고르세요.

① _____   ② _____   ③ _____

3 빈 칸에 들어갈 알맞은 단어를 보기에서 고르세요.

| 보기 | 岁　　左右　　猴 |

① 你今年几_____? Nǐ jīnnián jǐ suì?

② 我属_____。Wǒ shǔ hóu.

③ 我个子一米七_____。Wǒ gèzi yī mǐ qī zuǒyòu.

마무리 테스트로 듣기 실력 다지기

track 084

1 녹음을 듣고 대화를 완성하세요.

① A: _____?
   B: 他今年六十九。

② A: _____?
   B: 她属羊。

2 녹음을 듣고 각각의 그림과 일치하는 상황이 A인지 B인지 써넣으세요.

①  ☐

②  ☐

3 녹음을 듣고 녹음과 일치하는 문장에는 ○, 일치하지 않는 문장에는 ✕를 표시하세요.

① 我爸爸今年五十岁。 ☐

② 我妈妈四十九岁。 ☐

③ 我哥哥二十七岁。 ☐

④ 我属狗。 ☐

마무리 테스트로 쓰기 실력 다지기

1 빈 칸에 들어갈 알맞은 말을 써넣으세요.

① 我儿子＿＿＿＿＿龙。 나의 아들은 용띠입니다.

② 我＿＿＿＿＿一米六左右。 나는 키가 160cm 정도 됩니다.

③ ＿＿＿＿＿, 长安街非常宽。 듣자하니 창안지에는 굉장히 넓다고 하네요.

2 해석을 보고 다음 단어들을 어순에 맞게 배열해보세요.

① 그의 아들은 서른 살 정도 됐습니다.

　　　　岁　他　左右　三十　儿子

＿＿＿＿＿＿＿＿＿＿＿＿＿＿＿＿＿＿＿＿＿＿＿＿＿

② 당신의 짐은 얼마나 무거운가요?

　　　　行李　的　多　你　重

＿＿＿＿＿＿＿＿＿＿＿＿＿＿＿＿＿＿＿＿＿＿＿＿＿

3 다음 한국어 문장을 중국어로 바꿔보세요.

① 나의 아들은 올해 열다섯 살입니다.

＿＿＿＿＿＿＿＿＿＿＿＿＿＿＿＿＿＿＿＿＿＿＿＿＿

② 그의 키는 180여 센티미터입니다.

＿＿＿＿＿＿＿＿＿＿＿＿＿＿＿＿＿＿＿＿＿＿＿＿＿

③ 그 도로는 얼마나 넓은가요?

＿＿＿＿＿＿＿＿＿＿＿＿＿＿＿＿＿＿＿＿＿＿＿＿＿

12 UNIT

请问，电影院在哪儿?
Qǐngwèn, diànyǐngyuàn zài nǎr?

말씀 좀 물을게요, 영화관이 어디에 있나요?

최근 중국 영화감독과 배우들이 할리우드로 진출하여 큰 활약을 보이며 중국영화의 위상이 높아지고 있죠. 중국을 대표하는 영화에는 어떤 것들이 있는지 알아볼까요?

소림축구 少林足球
쪼우싱츠(周星驰) 영화의 최고봉이라 꼽히는 작품으로 유쾌하고 재미 있어 많은 사람들에게 사랑 받고 있습니다.

색계 色戒
제2차 세계대전 발발 이후 중국의 어수선한 시대적 상황과 남녀 사이의 미묘한 심리가 잘 묘사된 수작입니다. 우리나라에서도 다시보기 열풍을 일으킬 정도로 흥행에 성공했었죠.

| 학 습 포 인 트 | • 길 물어보기
• 방위를 나타내는 표현 익히기 | 
동영상 강의 |

패왕별희 霸王別姬
'중국영화'하면 가장 먼저 떠오르는 영화가 아닐까요? 경극이라는 소재와 동성애적 코드로 당시 큰 이슈가 됐었습니다.

말할 수 없는 비밀 不能说的秘密
쪼우지에룬(周杰伦)이 감독 겸 주연을 맡은 작품으로 신비로운 스토리와 아름다운 피아노 연주가 인상적인 영화입니다.

왕초보 필수 표현

1 ~는 ~에 있습니다.

^{칭 원} ^{띠엔 잉 위엔 짜이 나-알}
A: **请问，电影院在哪儿？** 말씀 좀 물을게요, 영화관이 어디에 있나요?
Qǐngwèn, diànyǐngyuàn zài nǎr?

^{띠엔 잉 위엔 짜이 쭝 구어 인 항 호우 비엔}
B: **电影院在中国银行后边。** 영화관은 중국은행 뒤에 있습니다.
Diànyǐngyuàn zài Zhōngguó Yínháng hòubian.

🎧 track 085

✅ **처음 보는 사람에게 물어보고 싶을 때 "请问"**

"请问"은 "말씀 좀 묻겠습니다" 혹은 "실례합니다"라는 의미로 처음 보는 사람에게 길이나 시간을 물어볼 때 자주 쓰입니다.

✅ **방향을 나타내는 명사들**

방향을 나타내는 명사를 방위사라고 하는데 이 방위사가 명사 앞에서 명사를 꾸며주는 경우에는 사이에 '的'를 써줘야 하고, 명사 뒤에 올 때에는 일반적으로 '的'가 없이 명사 뒤에 바로 쓰입니다.

他在前边。 그는 앞쪽에 있습니다.
Tā zài qiánbian.

下边的书是我的。 아래쪽의 책이 내 것입니다.
Xiàbian de shū shì wǒ de.

银行在邮局后边。 은행은 우체국 뒤에 있습니다.
Yínháng zài yóujú hòubian.

새 단어

qǐngwèn
请问 말씀 좀 묻겠습니다, 실례합니다

diànyǐngyuàn
电影院 영화관, 극장

Zhōngguó Yínháng
中国银行 중국은행

hòubian
后边 뒤(쪽)

qiánbian
前边 앞(쪽)

xiàbian
下边 아래(쪽)

Běijīng Dàxué
北京大学 베이징대학교

pángbiān
旁边 옆(쪽)

바꿔서 말해보세요!

베이 징 따 쉬에		호우 비엔	
北京大学	짜이 쭝 구어 인 항	**后边**	베이징대학교는 중국은행 뒤에 있습니다.
Běijīng Dàxué	**在中国银行**	hòubian	
투 슈 관	zài Zhōngguó Yínháng	팡 비엔	
图书馆		**旁边**	도서관은 중국은행 옆에 있습니다.
Túshūguǎn		pángbiān	

2 ～에 어떻게 가나요?

칭 원　베이 징 따쉐에 쩐 머 조우
A: **请问，北京大学怎么走？**
Qǐngwèn, Běijīng Dàxué zěnme zǒu?
말씀 좀 물을게요, 베이징대학교에 어떻게 가나요?

이 즈 왕 치엔 조우　따오 스 쯔 루 코우 왕 요우 과이
B: **一直往前走，到十字路口往右拐。**
Yìzhí wǎng qián zǒu, dào shízìlùkǒu wǎng yòu guǎi.
똑바로 앞으로 가다가 사거리에서 오른쪽으로 꺾으세요.

 track 086

✓ 길을 묻는 표현 '怎么走'

중국어로 길을 묻는 가장 일반적인 표현은 목적지 뒤에 '怎么走'를 붙여주는 것입니다. '怎么走'는 글자 그대로 해석하면 '어떻게 갑니까'가 됩니다. 상대방이 '怎么走'로 물을 때, 목적지가 가까우면 가는 방향과 꺾어지는 길 등을 중심으로 답해주고, 멀 때는 교통수단으로 답할 수 있습니다.

✓ 동작의 방향을 나타내는 '往'

동작의 방향을 나타낼 때는 '往'을 써서 표현할 수 있습니다. 우리말의 '~쪽으로, ~을 향해'에 해당하는 표현입니다.

往前走　앞으로 가다
wǎng qián zǒu

往右拐　오른쪽으로 꺾다
wǎng yòu guǎi

★ 새 단어

zǒu
走 걸어가다

yìzhí
一直 똑바로, 줄곧

wǎng
往 ~쪽으로, ~을 향하여

qián
前 앞

dào
到 도착하다

shízìlùkǒu
十字路口 십자로, 사거리

yòu
右 오른쪽

guǎi
拐 방향을 꺾다, 돌다

dōng
东 동쪽

nán
南 남쪽

zuǒ
左 왼쪽

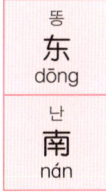 바꿔서 말해보세요!

이 즈 왕　｜ 똥 东 dōng / 난 南 nán ｜　조우　따오요우쥐 왕　｜ 요우 右 yòu / 주어 左 zuǒ ｜　과이
一直往　　　　　　　　　　　　　走，到邮局往　　　　　　　　　　　拐。
Yìzhí wǎng　　　　　　　　　　　zǒu, dào yóujú wǎng　　　　　　　　　guǎi.

동쪽으로 쭉 가다가 우체국에서 오른쪽으로 꺾으세요.

남쪽으로 쭉 가다가 우체국에서 왼쪽으로 꺾으세요.

UNIT 12　请问，电影院在哪儿?

왕초보 필수 표현

3 ～는 여기에서 먼가요?

요우 쥐 리 쩌-얼 위엔 부 위엔
A: **邮局离这儿远不远？** 우체국은 여기에서 먼가요?
Yóujú lí zhèr yuǎn bu yuǎn?

뿌 위엔
B: **不远。** 멀지 않습니다.
Bù yuǎn.

🎧 track 087

✓ **공간이나 시간의 거리를 나타내는 '离'**

'离'는 '～로부터', '～에서'라는 의미를 나타내는 개사로, 공간이나 시간적 거리의 시작점을 언급할 때 쓰입니다.

我们学校离我家不远。 우리 학교는 우리 집에서 멀지 않습니다.
Wǒmen xuéxiào lí wǒ jiā bù yuǎn.

离上课只有十分钟了。 수업시간까지 겨우 10분 남았습니다.
Lí shàngkè zhǐ yǒu shí fēnzhōng le.

✓ **긍정과 부정을 나란히 나열하는 정반의문문**

"离这儿远不远？"은 긍정형식인 '远'과 부정형식인 '不远'이 결합되어 만들어진 정반의문문입니다. 의미는 의문조사 '吗'를 사용한 "离这儿远吗？"와 같습니다.

你忙不忙？ = **你忙吗？** 당신은 바쁩니까?
Nǐ máng bu máng?   Nǐ máng ma?

你是不是韩国人？ = **你是韩国人吗？** 당신은 한국인입니까?
Nǐ shì bu shì Hánguórén?   Nǐ shì Hánguórén ma?

⭐ **새 단어**

yóujú
邮局 우체국

lí
离 ～로부터

zhèr
这儿 여기

yuǎn
远 멀다

shàngkè
上课 수업하다

zhǐ
只 겨우, 단지

fēnzhōng
分钟 분

바꿔서 말해보세요!

| 쭝 구어 인 항
中国银行
Zhōngguó Yínháng |
| 쇼우 얼 따 쉬에
首尔大学
Shǒu'ěr Dàxué |

리 쩌-얼 위엔 부 위엔
离这儿远不远？
lí zhèr yuǎn bu yuǎn?

중국은행이 여기에서 먼가요?

서울대학교가 여기에서 먼가요?

144

그림으로 배우는 **Feel必 어휘**

 track 088

베이 비엔 **北边** 북쪽 běibian

시 비엔 **西边** 서쪽 xībian

똥 비엔 **东边** 동쪽 dōngbian

팡 비엔 **旁边** 옆쪽 pángbiān

리 비엔 **里边** 안쪽 lǐbian

난 비엔 **南边** 남쪽 nánbian

와이 비엔 **外边** 바깥쪽 wàibian

상 비엔 **上边** 위쪽 shàngbian

호우 비엔 **后边** 뒤쪽 hòubian

쭝 지엔 **中间** 가운데 zhōngjiān

주어 비엔 **左边** 왼쪽 zuǒbian

요우 비엔 **右边** 오른쪽 yòubian

시아 비엔 **下边** 아래쪽 xiàbian

치엔 비엔 **前边** 앞쪽 qiánbian

✓ 방향과 관련된 어휘를 이용하여 다음 표현을 다양하게 연습해보세요.

银行在学校_____。　　　　　은행은 학교 _____ 에 있습니다.

Yínháng zài xuéxiào _____.

UNIT 12　请问，电影院在哪儿？

긴 대화도 자신 있게 **회화 배우기**

🎧 track 089

회화 1

A: 请问，电影院在哪儿?
Qǐngwèn, diànyǐngyuàn zài nǎr?

B: 在北京大学旁边。
Zài Běijīng Dàxué pángbiān.

A: 怎么走?
Zěnme zǒu?

B: 一直往前走，到十字路口往右拐。
Yìzhí wǎng qián zǒu, dào shízìlùkǒu wǎng yòu guǎi.

A: 离这儿远不远?
Lí zhèr yuǎn bu yuǎn?

B: 不太❶远。
Bútài yuǎn.

회화 2

A: 劳驾❷，邮局在哪儿?
Láojià, yóujú zài nǎr?

B: 邮局在中国银行后边。
Yóujú zài Zhōngguó Yínháng hòubian.

A: 中国银行怎么走?
Zhōngguó Yínháng zěnme zǒu?

B: 你看!❸ 那个楼就是❹。
Nǐ kàn! Nà ge lóu jiù shì.

⭐ 새 단어

| bútài 不太 그다지 ~하지 않다 | láojià 劳驾 죄송합니다, 미안합니다 | nà ge 那个 저것 | lóu 楼 건물 | jiù 就 바로 |

A: 말씀 좀 물을게요, 영화관이 어디에 있나요?
B: 베이징대학교 옆에 있습니다.
A: 어떻게 가나요?
B: 앞으로 쭉 가다가, 사거리에서 오른쪽으로 꺾으세요.
A: 여기서 먼가요?
B: 별로 멀지 않아요.

A: 실례지만, 우체국이 어디에 있나요?
B: 우체국은 중국은행 뒤에 있어요.
A: 중국은행은 어떻게 가나요?
B: 보세요, 바로 저 건물이에요.

이것도 알아두세요!

❶ '太'는 '아주, 매우'라는 뜻의 부사인데 앞에 '不'가 쓰이면 '그다지 ~하지 않다'라는 완곡한 부정의 의미를 나타냅니다.

不太好 그다지 좋지 않다
bú tài hǎo

不太近 그다지 가깝지 않다
bú tài jìn

❷ '劳驾'는 '请问'과 비슷한 표현으로 우리 말의 '죄송합니다, 미안합니다'에 해당합니다. 상대방에게 무엇인가를 물을 때는 주로 '请问'을 쓰고, 상대방에게 무엇을 부탁할 때는 주로 '劳驾'를 씁니다.

❸ "你看!"은 "보세요!"라는 뜻으로, 상대방의 주의를 환기시키는 역할을 합니다.

❹ "那个楼就是。"는 "那个楼就是中国银行。"의 줄임말로, 직역하면 "저 건물이 바로 중국은행입니다."가 됩니다. 이와 같이 상대방이 이미 알고 있는 경우에는 그 장소를 생략할 수 있습니다.

그림 따라 단어 따라 **표현 늘리기**

track 090

그림과 연관된 각 단어를 보기에 대입시켜 읽어보세요.

1 보기 A: 请问，邮局在哪儿？ B: 邮局在学校后边。

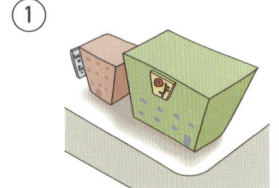 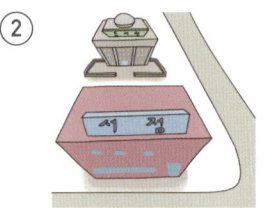 

药店， 医院， 旁边
yàodiàn yīyuàn pángbiān

书店， 图书馆， 前边
shūdiàn túshūguǎn qiánbian

电影院， 学校，
diànyǐngyuàn xuéxiào

百货商店， 中间
bǎihuòshāngdiàn zhōngjiān

2 보기 一直往前走，到十字路口往右拐。

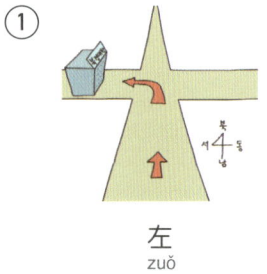 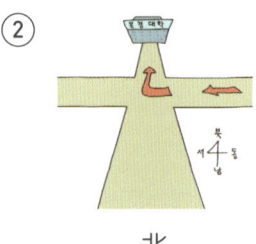 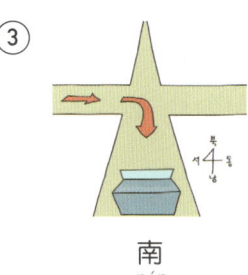

左
zuǒ

北
běi

南
nán

3 보기 A: 电影院离这儿远不远？ B:（很/不）远。

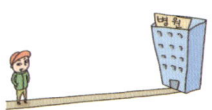  

医院，不远
yīyuàn bù yuǎn

卫生间， 很远
wèishēngjiān hěn yuǎn

你家，不远
nǐ jiā bù yuǎn

148

마무리 테스트로 **단어** 실력 다지기

1 다음 단어의 성조를 표시하세요.

① 走 - z o u ② 往 - w a n g

③ 右 - y o u ④ 离 - l i

2 녹음을 듣고 각 단어와 일치하는 사진을 고르세요.  track 091

① _____ ② _____ ③ _____

3 빈 칸에 들어갈 알맞은 단어를 보기에서 고르세요.

　　　보기　　　离　　请问　　一直

① _____, 电影院在哪儿? Qǐngwèn, diànyǐngyuàn zài nǎr?

② _____ 往前走。 Yìzhí wǎng qián zǒu.

③ 银行 _____ 这儿远不远? Yínháng lí zhèr yuǎn bu yuǎn?

 마무리 테스트로 **듣기** 실력 다지기

track 092

1 녹음을 듣고 대화를 완성하세요.

① A: 请问，图书馆在哪儿?
B: _____。

② A: 请问，邮局怎么走?
B: 一直往前走，_____。

2 녹음을 듣고 각각의 그림과 일치하는 상황이 A인지 B인지 써넣으세요.

3 녹음을 듣고 녹음과 일치하는 문장에는 ○, 일치하지 않는 문장에는 ✕를 표시하세요.

① 我的学校里有图书馆、医院和书店。 ☐

② 图书馆在书店北边。 ☐

③ 医院在书店西边。 ☐

④ 书店在图书馆东边。 ☐

마무리 테스트로 **쓰기 실력 다지기**

1 빈 칸에 들어갈 알맞은 말을 써넣으세요.

① _____是我弟弟的。 아래쪽의 책은 내 남동생 것입니다.

② 请问，邮局_____？ 말씀 좀 물을게요, 우체국은 어떻게 가나요?

③ 银行离这儿_____？ 은행이 여기에서 먼가요?

2 해석을 보고 다음 단어들을 어순에 맞게 배열해보세요.

① 영화관은 베이징대학교 옆에 있습니다.

在　北京大学　电影院　旁边

② 앞으로 쭉 가다가 사거리에서 왼쪽으로 꺾으세요.

往　到　左　十字路口　拐　一直　走　往　前

3 다음 한국어 문장을 중국어로 바꿔보세요.

① 중국은행은 어떻게 가나요?

② 그다지 멀지 않습니다.

③ 보세요, 바로 저 건물이에요.

13 UNIT

请问, 去颐和园怎么坐车?

Qǐngwèn, qù Yíhéyuán zěnme zuò chē?
말씀 좀 물을게요, 이허위엔까지 가려면 차를 어떻게 타야 하나요?

중국 사람들도 우리와 마찬가지로 대중교통을 많이 이용합니다. 그렇다면 수많은 중국인들의 발이 되어주는 대중교통 수단으로는 어떤 것이 있는지 알아볼까요?

택시 出租汽车
2016년 기준 베이징의 택시 기본요금은 3km에 13위엔이고 1km에 2.3위엔씩 부과됩니다.

지하철 地铁
베이징, 상하이, 광저우 등 대도시 이외에도 많은 도시들에 지하철이 신규로 개통되고 있습니다.

| 학 습 포 인 트 | • 대중교통 이용하기
• 일이 발생한 순서대로 상황 설명하기
• 선택의문문 용법 이해하기 |  동영상 강의 |

버스 公共汽车
중국의 버스는 차장에게 돈을 내고 표를 샀었는데 요즘에는 교통카드 단말기를 설치한 버스가 점차 늘고 있다고 하네요.

미엔빠오처 面包车
택시 대용으로 대절해서 이용하는 저렴한 교통수단인데 불법으로 운영되기 때문에 헤이처(黑车)라고도 부릅니다.

왕초보 필수 표현

1 ~에 가려면 ~를 타세요.

라오 지아   취 이 허위엔 쩐 머 쭈어 처
A: **劳驾，去颐和园怎么坐车？**
Láojià, qù Yíhéyuán zěnme zuò chē?
실례합니다, 이허위엔에 가려면 차를 어떻게 타야 하나요?

시엔 꾸어 마 루   란 호우 쭈어 치 루 꽁 꽁 치 처
B: **先过马路，然后坐7路公共汽车。**
Xiān guò mǎlù, ránhòu zuò qī lù gōnggòngqìchē.
우선 큰 길을 건넌 후에 7번 버스를 타세요.

track 093

✓ 대중교통 이용방법을 묻는 표현 "怎么坐车?"

'坐'의 기본 의미는 '앉다'이지만 교통수단에 쓰일 때는 '타다'라는 뜻이 되므로 "차를 어떻게 타고 가나요?"는 "怎么坐车?"라고 표현합니다. 교통수단을 탈 때는 '坐'와 '骑' 두 가지 동사를 주로 사용하는데 차이는 다음과 같습니다.

坐 飞机 zuò fēijī 비행기를 타다 (坐: 좌석이 있는 운송 수단에 사용)

骑 自行车 qí zìxíngchē 자전거를 타다
(骑: 자전거, 오토바이처럼 두 다리를 벌리고 타는 운송 수단에 사용)

✓ 일의 선후(先後) 순서를 나타내는 '先……然后……'

'先……然后……'는 '먼저 ~하고 그 후에 ~ 하다'라는 의미를 나타냅니다.

咱们先吃早饭，然后去书店，好吗?
Zánmen xiān chī zǎofàn, ránhòu qù shūdiàn, hǎo ma?
우리 먼저 아침을 먹은 후에 서점에 가는 게 어때?

★ 새 단어

Yíhéyuán
颐和园 이허위엔(베이징의 명승지)

xiān
先 먼저

guò
过 건너다

ránhòu
然后 ~한 후에, 그러고 나서

gōnggòngqìchē
公共汽车 버스

qí
骑 타다

zìxíngchē
自行车 자전거

dìtiě
地铁 지하철

바꿔서 말해보세요!

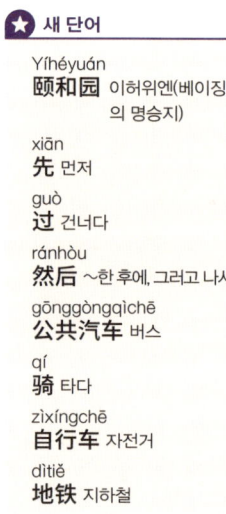

시엔 **先** Xiān

꾸어 마 루
过马路
guò mǎlù

쭈어 꽁 꽁 치 처
坐公共汽车
zuò gōnggòngqìchē

, 란 호우 **然后** ránhòu

쭈어 띠 티에
坐地铁
zuò dìtiě

쭈어 페이 지
坐飞机
zuò fēijī

먼저 길을 건넌 후에 지하철을 타세요.

먼저 버스를 탄 후에 비행기를 타세요.

2 ～에서 차를 갈아타세요.

워 야오 짜이 나-알 환 처
A: **我要在哪儿换车？** 저는 어디에서 차를 갈아타야 하나요?
Wǒ yào zài nǎr huàn chē?

니 야오 짜이 티엔 안 먼 짠 환 처
B: **你要在天安门站换车。** 티엔안먼 역에서 갈아타셔야 합니다.
Nǐ yào zài Tiān'ānmén zhàn huàn chē.

🎧 track 094

✓ 교통수단을 갈아탈 때 사용하는 '换'

'换'은 '바꾸다'라는 뜻이지만, 교통수단에서 사용하면 '갈아타다, 바꿔 타다'의 의미를 나타냅니다.

A: **在哪儿换车？** 어디에서 차를 갈아타나요?
Zài nǎr huàn chē?

B: **在首尔站换车。** 서울역에서 갈아타세요.
Zài Shǒu'ěr zhàn huàn chē.

A: **换几路车？** 몇 번 버스로 갈아타나요?
Huàn jǐ lù chē?

B: **换88路车。** 88번 버스로 갈아타세요.
Huàn bāshíbā lù chē.

⭐ **새 단어**

yào
要 ～해야 한다

huàn
换 바꾸다, (차를) 갈아타다, 환승하다

chē
车 차

zhàn
站 정류장

lù
路 버스 노선 번호

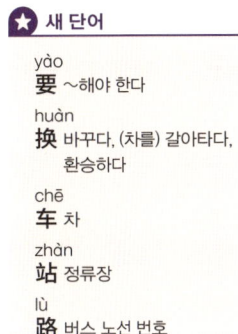

바꿔서 말해보세요!

니 야오짜이
你要在
Nǐ yào zài

티엔 안 먼 짠
天安门站
Tiān'ānmén zhàn
베이 징 따 쉬에 치엔 비엔
北京大学前边
Běijīng Dàxué qiánbian

환 처
换车。
huàn chē

티엔안먼 역에서 갈아타셔야 합니다.

베이징대학교 앞에서 갈아타셔야 합니다.

UNIT 13　请问，去颐和园怎么坐车？

왕초보 필수 표현

3   ~을 할까요, 아니면 ~을 할까요?

A: 去釜山坐火车去还是坐飞机去?
   Qù Fǔshān zuò huǒchē qù háishi zuò fēijī qù?
   부산에 갈 때 기차를 타고 갈까요? 아니면 비행기를 타고 갈까요?

B: 坐飞机去吧，又快又舒服。
   Zuò fēijī qù ba, yòu kuài yòu shūfu.
   비행기 타고 가죠, 빠르기도 하고 편하잖아요.

track 095

✓ 선택의문문에 쓰이는 '还是'

'A还是B？'의 형식으로 2개 이상의 상황 중 하나를 선택하여 답하도록 하는 의문문을 선택의문문이라 합니다. 'A 아니면 B'로 해석합니다.

A: 你是韩国人还是中国人?   넌 한국인이니 아니면 중국인이니?
   Nǐ shì Hánguórén háishi Zhōngguórén?

B: 我是韩国人。 난 한국인이야.
   Wǒ shì Hánguórén.

✓ '又……又……'

'又……又……'는 '~하기도 하고 ~하기도 하다'라는 뜻으로, 어떤 상황이나 성질 또는 동작이 동시에 존재함을 나타냅니다.

这件衣服又便宜又好看。 이 옷은 싸기도 하고 예쁘기도 합니다.
Zhè jiàn yīfu yòu piányi yòu hǎokàn.

새 단어

火车 huǒchē 기차
还是 háishi 아니면
又……又…… yòu……yòu…… ~하기도 하고 ~하기도 하다
快 kuài 빠르다
舒服 shūfu 편하다
件 jiàn 벌(옷을 세는 양사)
衣服 yīfu 의복, 옷
好看 hǎokàn 보기 좋다, 예쁘다

바꾸어 말해보세요!

| 坐地铁去 Zuò dìtiě qù | 吧, ba | 又 yòu | 快 kuài | 又 yòu | 便宜 piányi | 。 | 지하철을 타고 가죠, 빠르고 싸니까요. |
| 买这件 Mǎi zhè jiàn | | | 便宜 piányi | | 好看 hǎokàn | | 이 옷으로 사죠, 싸고 예쁘니까요. |

그림으로 배우는 **Feel必 어휘**

track 096

교통수단과 관련된 어휘를 이용하여 다음 표현을 다양하게 연습해보세요.

我们坐_____去吧。　　　우리 _____를 타고 갑시다.

Wǒmen zuò _____ qù ba.

긴 대화도 자신 있게 **회화 배우기**

🎧 track 097

회화 1

A: 劳驾，去颐和园怎么坐车？
　　Láojià, qù Yíhéyuán zěnme zuò chē?

B: 先过马路，然后坐7路公共汽车。
　　Xiān guò mǎlù, ránhòu zuò qī lù gōnggòngqìchē.

(버스에서)

A: 请问，到颐和园还有几站❶？
　　Qǐngwèn, dào Yíhéyuán hái yǒu jǐ zhàn?

C: 这路车不到颐和园，你们要换车。
　　Zhè lù chē bú dào Yíhéyuán, nǐmen yào huàn chē.

A: 在哪儿换车？
　　Zài nǎr huàn chē?

C: 在天安门站换车，换515❷路。
　　Zài Tiān'ānmén zhàn huàn chē, huàn wǔyāowǔ lù.

회화 2

A: 去釜山坐火车去还是坐飞机去？
　　Qù Fǔshān zuò huǒchē qù háishi zuò fēijī qù?

B: 坐飞机去吧，又快又舒服。
　　Zuò fēijī qù ba, yòu kuài yòu shūfu.

C: 坐飞机太贵了，还是坐火车去吧❸。
　　Zuò fēijī tài guì le, háishi zuò huǒchē qù ba.

⭐ **새 단어**

háishi
还是 ~하는 편이 더 좋다

A: 실례합니다. 이허위엔에 가려면 어떻게 차를 타야 하나요?
B: 먼저 큰길을 건넌 다음에 7번 버스를 타세요.
　(버스에서)
A: 말씀 좀 물을게요, 이허위엔까지 아직 몇 정거장이 남았나요?
C: 이 노선은 이허위엔에 안 가요. 당신들은 차를 갈아타야 해요.
A: 어디에서 갈아타나요?
C: 티엔안먼 역에서 515번으로 갈아타세요.

A: 부산에 갈 때 기차를 타고 갈까 아니면 비행기를 타고 갈까?
B: 비행기 타고 가자. 빠르기도 하고 편하잖아.
C: 비행기 타는 건 너무 비싸니까, 아무래도 기차 타고 가는 게 더 좋겠다.

이것도 알아두세요!

❶ '还'는 '또, 더'라는 뜻의 부사로, "还有几站?"은 "몇 정거장이 더 남았나요?"라는 뜻을 나타냅니다. 버스나 지하철, 기차 등에서 두루 사용할 수 있는 상용표현이니 외워두세요.

❷ 집 주소나 전화번호, 노선번호 중에 숫자 '1'이 들어가면 'yī'로 읽지 않고 'yāo'로 읽어줍니다.

❸ '还是'는 선택의문문 '~이 아니면'이란 뜻을 나타내는 것 이외에도 '~하는 편이 더 좋다(낫다)'라는 뜻도 있습니다. '还是……吧'의 형식으로 더 나은 선택에 대한 의견을 제시하는 데 사용됩니다.

그림 따라 단어 따라 **표현** 늘리기

 track 098

그림과 연관된 각 단어를 보기에 대입시켜 읽어보세요.

1 보기

A: 劳驾，去 颐和园 怎么坐车？

B: 先 过马路，然后 坐7路公共汽车。

①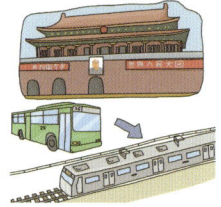

天安门，
Tiān'ānmén
坐公共汽车，
zuò gōnggòngqìchē
换地铁
huàn dìtiě

②

颐和园，
Yíhéyuán
坐地铁，
zuò dìtiě
坐出租汽车
zuò chūzūqìchē

③

釜山，
Fǔshān
坐火车，
zuò huǒchē
坐3路公共汽车
zuò sān lù gōnggòngqìchē

2 보기

A: 我们 坐火车去 还是 坐飞机去？

B: 坐飞机去吧，又 快 又 舒服。

①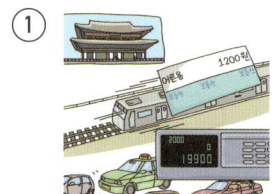

坐出租汽车，坐地铁，
zuò chūzūqìchē   zuò dìtiě
快，便宜
kuài piányi

②

坐飞机，坐船，
zuò fēijī   zuò chuán
便宜，有意思
piányi   yǒuyìsi
(재미있다)

③

骑摩托车，骑自行车，
qí mótuōchē   qí zìxíngchē
快，有意思
kuài   yǒuyìsi

마무리 테스트로 **단어 실력 다지기**

1 다음 단어의 성조를 표시하세요.

① 先 - xian　　　　② 骑 - qi

③ 站 - zhan　　　　④ 件 - jian

2 녹음을 듣고 각 단어와 일치하는 사진을 고르세요.　　

①　　　　　②　　　　　③

3 빈 칸에 들어갈 알맞은 단어를 보기에서 고르세요.

보기　　然后　　换　　还是　　先

① _____过马路，_____坐地铁。
Xiān guò mǎlù, ránhòu zuò dìtiě.

② 我要在哪儿_____车？
Wǒ yào zài nǎr huàn chē?

③ 坐火车去_____坐飞机去？
Zuò huǒchē qù háishi zuò fēijī qù?

UNIT 13　请问，去颐和园怎么坐车？

마무리 테스트로 **듣기** 실력 다지기

1 녹음을 듣고 대화를 완성하세요.

① A: _____

B: 先过马路, 然后坐7路公共汽车。

② A: 在哪儿换车?

B: _____ 。

2 녹음을 듣고 각각의 그림과 일치하는 상황이 A인지 B인지 써넣으세요.

①

②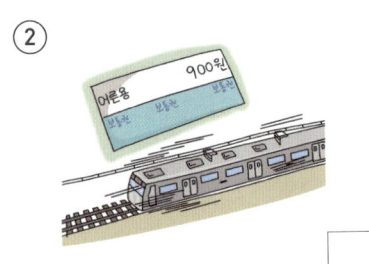

3 녹음을 듣고 녹음과 일치하는 문장에는 ○, 일치하지 않는 문장에는 X를 표시하세요.

① 星期六我要跟朋友一起去颐和园。 ☐

② 我们坐公共汽车去颐和园。 ☐

③ 坐公共汽车又便宜又舒服。 ☐

④ 我们先坐88路公共汽车, 然后要换7路。 ☐

마무리 테스트로 **쓰기 실력 다지기**

1 빈 칸에 들어갈 알맞은 말을 써넣으세요.

① 先_____马路，然后坐7路公共汽车。 우선 길을 건넌 후 7번 버스를 타세요.

② 我们_____自行车去吧。 우리 자전거 타고 가자.

③ 坐火车去吧，_____快_____便宜。
기차 타고 가요. 빠르기도 하고 싸기도 하잖아요.

2 해석을 보고 다음 단어들을 어순에 맞게 배열해보세요.

① 말씀 좀 물을게요, 이허위엔까지 아직 몇 정거장이 남았나요?

几　请问　到　颐和园　还有　站

_____

② 비행기 타는 건 너무 비싸니까, 아무래도 기차 타고 가는 게 더 좋겠다.

去　坐　贵　还是　火车　飞机　坐　太　了　吧

_____

3 다음 한국어 문장을 중국어로 바꿔보세요.

① 먼저 밥을 먹은 후에 학교에 가라.

_____

② 너는 오늘 가니 아니면 내일 가니?

_____

③ 기차를 타는 게 싸기도 하고 편하기도 해.

_____

14 UNIT

我感冒了。
Wǒ gǎnmào le.

감기에 걸렸어요.

타지에서 가장 서럽고 힘든 때가 바로 아플 때죠.
중국에서 병원을 이용하는 절차는 우리나라와
어떻게 같고 다른지 알아볼까요?

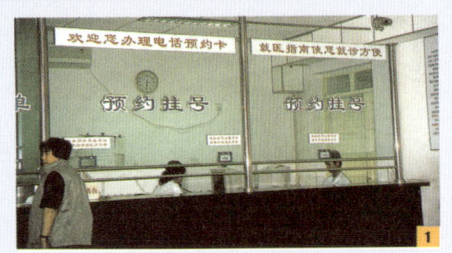

접수 挂号
진료접수를 할 때는 진료과목(내과-内科, 외과-外科)과 의사(일반의사-普通号, 전문의-专家号)를 선택해야 합니다.

진찰 门诊
진찰을 받을 때는 특이한 병력이 있거나 약물 부작용 경험이 있는 경우 이를 반드시 의사에게 이야기해야 합니다.

| 학 습 포 인 트 | • 증상과 진료 관련 표현 익히기
• 동사의 중첩 활용하기
• 상황의 발생이나 완성 표현하기
• 과거 경험 표현하기 |  동영상 강의 |

수납 收费
검사가 필요한 경우 또는 약처방을 받는 경우 우선 약값과 의료비를 지불하고 추가 검사나 약을 수령할 수 있습니다.

약 药
대부분 병원은 양약, 중약, 제조전 등의 약을 내주는 창구가 다르므로 약을 타기 전 확인하고 차례로 약을 수령해야 합니다.

왕초보 필수 표현

1 감기에 걸렸습니다.

A: **你怎么了?** 왜 그러시나요?
　　니 쩐 머 러
　　Nǐ zěnme le?

B: **我感冒了。** 감기에 걸렸습니다.
　　워 간 마오 러
　　Wǒ gǎnmào le.

 track 101

✓ 상대방의 상태를 물어볼 때 사용하는 "你怎么了?"

'怎么'는 '어째서, 어떻게, 왜' 등을 의미하는 의문사로, 여기에서 "你怎么 了?"는 "어떻게 된 것입니까?", "무슨 일이 있나요?"라는 뜻입니다. 상대방의 건강상태나 상황, 방식, 원인 등을 물어볼 때 두루 쓰이는 상용 표현입니다.

✓ 발생이나 변화를 나타내는 '了'

'了'는 문장의 끝에 쓰여 어떤 일이나 상황이 이미 발생했음을 나타내거나, 상황이 변화되었음을 나타냅니다.

下雨了。 비가 내립니다.
Xiàyǔ le.

她有男朋友了。 그녀는 남자친구가 생겼습니다.
Tā yǒu nánpéngyou le.

★ 새 단어

gǎnmào
感冒 감기(에 걸리다)

xiàyǔ
下雨 비가 내리다

nánpéngyou
男朋友 남자친구

shòushāng
受伤 상처를 입다, 부상당하다

바꿔서 말해보세요!

워 띠 디
我弟弟 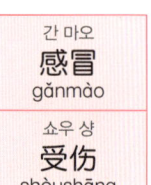 러 **了。** le.
Wǒ dìdi

간 마오
感冒
gǎnmào

쇼우 샹
受伤
shòushāng

내 남동생은 감기에 걸렸습니다.

내 남동생은 다쳤습니다.

2 ~을 좀 해보세요.

A: **我头疼，发烧。** 저 머리가 아프고 열이 나요.
Wǒ tóuténg, fāshāo.

B: **试试表吧，我看看。** 체온 좀 재봅시다. 제가 좀 볼게요.
Shìshi biǎo ba, wǒ kànkan.

🎧 track 102

✅ 동사의 중첩

중국어에서 동사를 중첩해주면 '시험 삼아 어떤 행동을 하다' 혹은 '어떤 동작에 걸리는 시간이 짧음'을 나타냅니다. 동사를 중첩하는 방식은 동사가 1음절인지 2음절인지에 따라 각기 다릅니다.

⭐ 새 단어

tóuténg
头疼 머리가 아프다

fāshāo
发烧 열이 나다

shìbiǎo
试表 체온을 재다

xiūxi
休息 쉬다, 휴식하다

1음절 동사		2음절 동사
AA 试试 shìshi	A—A 试一试 shì yi shì	ABAB 休息休息 xiūxi xiūxi
해보다, 입어보다		좀 쉬다

1음절 동사가 AA 형태로 중첩될 때는 두 번째 음절을 경성으로 읽어주고, 그 사이에 '一'를 넣는 경우에는 '一'를 경성으로 발음합니다. 2음절 동사는 B에 해당하는 두 번째, 네 번째 음절을 경성으로 발음합니다.

你看看，这件衣服怎么样？ 좀 보세요. 이 옷 어떤가요?
Nǐ kànkan, zhè jiàn yīfu zěnmeyàng?

试一试那件衣服吧。 저 옷을 한 번 입어보세요.
Shì yi shì nà jiàn yīfu ba.

바꿔서 말해보세요!

| 试试表
Shìshi biǎo | 吧。
ba. | 채온을 좀 재봅시다. |
| 休息休息
Xiūxi xiūxi | | 좀 쉬세요. |

UNIT 14 我感冒了。

왕초보 필수 표현

3 나는 ~해본 적이 있습니다.

니 츠 구어 카오 야 마
A: **你吃过烤鸭吗?** 카오야를 먹어본 적이 있나요?
Nǐ chīguo kǎoyā ma?

워 메이 요우 츠 구어
B: **我没有吃过。** 안 먹어봤습니다.
Wǒ méiyǒu chīguo.

🎧 track 103

✓ 경험을 나타내는 '过'

'过'는 동사 뒤에서 '동사+过'의 형태로 쓰여 과거의 경험을 나타냅니다. 목적어는 '过' 뒤에 써줍니다.

你看过中国电影吗? 너는 중국영화를 본 적 있니?
Nǐ kànguo Zhōngguó diànyǐng ma?

你吃过韩国菜吗? 너는 한국요리를 먹어본 적 있니?
Nǐ chīguo Hánguócài ma?

과거의 경험을 부정할 때에는 '没(有)'로 부정하고 '过'는 생략하지 않고 그대로 살려둡니다.

我没(有)看过中国电影。 나는 중국영화를 본 적이 없어.
Wǒ méi(yǒu) kànguo Zhōngguó diànyǐng.

我没(有)吃过韩国菜。 나는 한국요리를 먹어본 적이 없어.
Wǒ méi(yǒu) chīguo Hánguócài.

⭐ **새 단어**

guo
过 과거의 경험을 나타내는 조사

kǎoyā
烤鸭 카오야, 베이징오리구이

cài
菜 요리

Hánwén
韩文 한국어

cháng
尝 맛보다

바꿔서 말해보세요!

워 메이 요우　　　쉬에　　　　구어　　　한 원
我没有　　　**学**　　　**过**　　　**韩文**　　나는 한국어를 배워본 적이 없습니다.
Wǒ méiyǒu　　xué　　　　guo　　Hánwén

　　　　　　　창　　　　　　　　쭝 구어 차이
　　　　　　尝　　　　　　　**中国菜**　　나는 중국음식을 먹어본 적이 없습니다.
　　　　　　cháng　　　　　　Zhōngguócài

그림으로 배우는 Feel必 어휘

track 104

커 소우
咳嗽 기침하다
késou

토우 텅
头疼 머리가 아프다
tóuténg

토우 윈
头晕 어지럽다
tóuyūn

뚜 즈 텅
肚子疼 배가 아프다
dùzi téng

리우 비 티
流鼻涕 콧물을 흘리다
liú bítì

라 뚜 즈
拉肚子 설사가 나다
lā dùzi

파 샤오
发烧 열이 나다
fāshāo

야 텅
牙疼 이가 아프다
yáténg

파 렁
发冷 오한이 나다
fālěng

✓ 증상과 관련된 어휘를 이용하여 다음 표현을 다양하게 연습해보세요.

我_____, _____。   나는 _____하고 _____ 합니다.

Wǒ _____, _____.

UNIT 14 我感冒了。

긴 대화도 자신 있게 **회화 배우기**

🎧 track 105

회화 1

A: 你怎么了?
Nǐ zěnme le?

B: 我头疼，发烧。
Wǒ tóuténg, fāshāo.

A: 试试表吧，我看看。…… 你感冒了。
Shìshi biǎo ba, wǒ kànkan. …… Nǐ gǎnmào le.

B: 要❶打针吗?
Yào dǎzhēn ma?

A: 不用❷。这是药方，请你到药房去拿药。
Búyòng. Zhè shì yàofāng, qǐng nǐ dào yàofáng qù ná yào.

회화 2

A: 听说，烤鸭是北京的名菜。你吃过吗?
Tīngshuō, kǎoyā shì Běijīng de míngcài. Nǐ chīguo ma?

B: 我还没吃过呢❸，很想❹吃!
Wǒ hái méi chīguo ne, hěn xiǎng chī!

A: 我们去全聚德吃烤鸭，行不行❺?
Wǒmen qù Quánjùdé chī kǎoyā, xíng bu xíng?

B: 好! 我也听说过全聚德，那是很有名的烤鸭店。
Hǎo! Wǒ yě tīngshuōguo Quánjùdé, nà shì hěn yǒumíng de kǎoyādiàn.

⭐ **새 단어**

| dǎzhēn 打针 주사를 맞다 | yàofāng 药方 처방전 | yàofáng 药房 약국 | ná 拿 가지다, 받다 | míngcài 名菜 간판요리 |
| Quánjùdé 全聚德 취엔쥐더 (베이징의 유명한 오리요리 전문점) | | xíng 行 괜찮다 | yǒumíng 有名 유명하다 | |

A: 어디가 불편하세요?
B: 머리가 아프고, 열이 나요.
A: 체온 좀 잴게요. 어디 봅시다. …… 감기에 걸렸네요.
B: 주사를 맞아야 하나요?
A: 그럴 필요는 없습니다. 이건 처방전이니 약국에 가서 약을 받으세요.

A: 듣자하니, 카오야가 베이징의 간판요리라던데. 당신은 먹어봤나요?
B: 아직 못 먹어봤어요. 너무 먹고 싶어요!
A: 우리 취엔쥐더에 가서 카오야를 먹어요, 어때요?
B: 좋아요! 나도 취엔쥐더를 들어봤어요. 아주 유명한 카오야 집이죠.

📍 이것도 알아두세요!

❶❷ '要'와 '不用'
10과에서 배웠듯이, '要'가 조동사로 '~해야 한다'는 의미를 나타낼 경우 부정형은 '不用(~할 필요가 없다)'을 사용해야 합니다.

❸ '还没……呢'는 경험을 묻는 '过'에 대한 부정형식의 대답입니다. '아직까지 ~해본 적이 없다'는 뜻으로 과거에서 현재까지 그러한 경험이 없어 안타깝다는 의미로 쓰입니다.

❹ '想'은 원래 '생각하다'라는 뜻의 동사이지만 조동사로 쓰여 '~하고 싶다'는 뜻으로 해석됩니다. 개인적인 바람이나 희망을 나타내기도 합니다.

❺ '行不行'은 상대방에게 어떤 제안을 하고 나서 의견을 물을 때 쓰는 표현으로 "어때요?", "괜찮겠나요?" 등의 의미를 나타냅니다. 수락하는 경우에는 '行', 수락하지 않는 경우에는 '不行'이라고 대답합니다.

그림 따라 단어 따라 **표현** 늘리기

track 106

그림과 연관된 각 단어를 보기에 대입시켜 읽어보세요.

1 보기 　　A: 你怎么了？　B: 我 感冒 了。

①  受伤 shòushāng

②  发烧 fāshāo

③  头晕 tóuyūn

2 보기 　　你 试试 表 吧。

①  吃，药 chī　yào

②  看，书 kàn　shū

③  锻炼，身体 duànliàn　shēntǐ
(단련하다) (몸, 신체)

3 보기 　　你 学过 汉语 吗？

①  吃，烤鸭 chī　kǎoyā

②  去，首尔 qù　Shǒu'ěr

③  听，中国歌 tīng　Zhōngguógē

마무리 테스트로 **단어** 실력 다지기

1 다음 단어의 성조를 표시하세요.

① 感冒 - ganmao ② 头疼 - touteng

③ 休息 - xiuxi ④ 尝 - chang

2 녹음을 듣고 각 단어와 일치하는 사진을 고르세요. track 107

① _____ ② _____ ③ _____

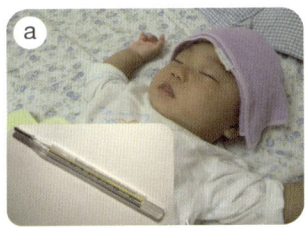 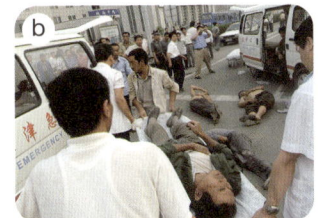 

3 빈 칸에 들어갈 알맞은 단어를 보기에서 고르세요.

보기   休息休息   怎么   过

① 你_____了? Nǐ zěnme le?

② 你_____吧。Nǐ xiūxi xiūxi ba.

③ 你吃_____烤鸭吗? Nǐ chīguo kǎoyā ma?

마무리 테스트로 **듣기** 실력 다지기

track 108

1 녹음을 듣고 대화를 완성하세요.

① A: _____?

　　B: 我感冒了。头疼、发烧。

② A: 你吃过韩国菜吗?

　　B: _____，很想吃！

2 녹음을 듣고 각각의 그림과 일치하는 상황이 A인지 B인지 써넣으세요.

①

②

3 녹음을 듣고 녹음과 일치하는 문장에는 ○, 일치하지 않는 문장에는 ×를 표시하세요.

① 我和王丽都吃过烤鸭。　☐

② 周末我们要去全聚德吃烤鸭。　☐

③ 周末我去她家的时候她病了。　☐

④ 她说头疼、发烧。　☐

마무리 테스트로 쓰기 실력 다지기

1 빈 칸에 들어갈 알맞은 말을 써넣으세요.

① 我弟弟_____了。 내 남동생이 다쳤습니다.

② 你_____吧，我看看。 체온을 좀 재 봅시다. 제가 좀 볼게요.

③ 我_____学过_____。 나는 한국어를 배워본 적이 없습니다.

2 해석을 보고 다음 단어들을 어순에 맞게 배열해보세요.

① 좀 보세요. 이 옷 어떤가요?

件　怎么样　你　这　衣服　看看

_____

② 나는 중국 영화를 본 적이 없습니다.

过　我　有　中国　看　没　电影

_____

3 다음 한국어 문장을 중국어로 바꿔보세요.

① 당신은 주사를 맞을 필요 없습니다.

_____

② 약국에 가서 약을 받으세요.

_____

③ 카오야는 베이징의 간판요리입니다.

_____

UNIT 14　我感冒了。

15 UNIT

今天比昨天冷。
Jīntiān bǐ zuótiān lěng.

오늘은 어제보다 추워요.

중국은 면적이 넓은 만큼 지역별로 기후조건 또한 매우 다양합니다. 같은 계절에도 어느 지방에는 눈이 내리고 또 다른 지방에서는 따뜻한 봄 날씨를 즐기기도 하죠.

베이징 北京
베이징은 서울보다 훨씬 건조하고, 산이 많지 않기 때문에 바람이 많이 붑니다. 특히 봄에는 황사가 매우 심하죠.

하얼빈 哈尔滨
매년 겨울이면 영하 30도까지 내려가는 강추위가 불어닥치는 국제적인 얼음도시로 빙등(冰灯)축제가 매우 유명합니다.

| 학 습 포 인 트 | • 날씨를 묻는 표현 익히기
• 비교 표현하기 |

동영상 강의

하이난 海南
중국의 하와이라 불리는 곳으로 각종 열대과일들이 많이 나고 경관도 아름다워 신혼여행지로 각광받고 있습니다.

윈난 云南
연평균 기온이 13~20℃로 1년 내내 봄과 같이 따뜻한 날씨가 이어져서 봄의 도시, 춘성(春城)으로 불립니다.

왕초보 필수 표현

1 A는 B보다 ~합니다.

찐 티엔 티엔 치 쩐 머 양
A: **今天天气怎么样？** 오늘 날씨가 어떤가요?
Jīntiān tiānqì zěnmeyàng?

찐 티엔 비 주어 티엔 렁
B: **今天比昨天冷。** 오늘은 어제보다 춥습니다.
Jīntiān bǐ zuótiān lěng.

track 109

✓ 일반비교문

비교문의 기본 형식은 'A+比+B+비교결과(형용사/동사)'로 'A는 B보다 ~하다'라고 해석합니다.

我比他健康。
Wǒ bǐ tā jiànkāng.
나는 그보다 건강합니다.

我比她漂亮。
Wǒ bǐ tā piàoliang.
나는 그녀보다 예쁩니다.

비교의 정도가 더 심함을 나타낼 때는 '更(gèng 더욱), 还(hái ~보다도 더)'와 같은 부사로 수식할 수 있습니다. 이때 '很, 非常'과 같이 비교의 의미를 가지고 있지 않은 일반 강조부사는 비교문에 쓸 수 없습니다.

我比他更健康。 (○)
Wǒ bǐ tā gèng jiànkāng.
나는 그보다 더 건강합니다.

我比他很健康。 (×)

我比她还漂亮。 (○)
Wǒ bǐ tā hái piàoliang.
나는 그녀보다 더 예쁩니다.

我比她非常漂亮。 (×)

★ 새 단어

tiānqì
天气 날씨

bǐ
比 ~보다

lěng
冷 춥다

jiànkāng
健康 건강하다

piàoliang
漂亮 예쁘다

liángkuai
凉快 시원하다, 선선하다

rè
热 덥다

바꿔서 말해보세요!

| 주어 티엔
昨天
Zuótiān | 비
比
bǐ | 치엔 티엔
前天
qiántiān | 량 콰이
凉快
liángkuai | 。 | 어제는 그제보다 시원했습니다. |
| 쩌 거 씽치
这个星期
Zhè ge xīngqī | | 상 거 씽치
上个星期
shàng ge xīngqī | 러
热
rè | | 이번 주는 지난주보다 덥습니다. |

2 A는 B보다 ~하지 않습니다.

A: **他比我大吗?** 그는 나보다 나이가 많은가요?
　　Tā bǐ wǒ dà ma?
　　타 비 워 따 마

B: **他没有你大。** 그는 당신보다 나이가 많지 않습니다.
　　Tā méiyǒu nǐ dà.
　　타 메이 요우 니 따

🎧 track 110

✅ 비교문의 부정

'比'를 사용한 비교문의 부정은 '不比(bùbǐ)', '不如(bùrú)', '没有'로 표현할 수 있습니다.

首尔比北京热。 서울은 베이징보다 덥습니다. → 긍정
Shǒu'ěr bǐ Běijīng rè.

首尔不比北京热。 서울은 베이징보다 덥지 않습니다. → 부정
Shǒu'ěr bùbǐ Běijīng rè.

首尔没有北京热。 서울은 베이징보다 덥지 않습니다. → 부정
Shǒu'ěr méiyǒu Běijīng rè.

首尔不如北京热。 서울은 베이징만큼 덥지 않습니다. → 부정
Shǒu'ěr bùrú Běijīng rè.

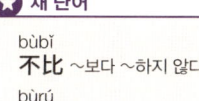 새 단어

不比 bùbǐ ~보다 ~하지 않다
不如 bùrú ~만큼 ~하지 않다
聪明 cōngming 영리하다, 똑똑하다

바꿔서 말해보세요!

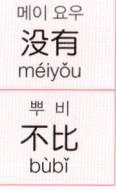 

她 Tā [没有 méiyǒu / 不比 bùbǐ] 你 nǐ [大 dà / 聪明 cōngming] 。

그녀는 당신보다 나이가 많지 않습니다.

그녀는 당신보다 똑똑하지 않습니다.

📖 왕초보 필수 표현

3 A는 B보다 ~만큼 ~합니다.

타 꺼 즈 비 워 까오 마
A: **他个子比我高吗？** 그의 키가 나보다 큰가요?
Tā gèzi bǐ wǒ gāo ma?

타 껀 니 이 양 까오   딴 스 비 니 쭈왕 뚜어 러
B: **他跟你一样高，但是比你壮多了。**
Tā gēn nǐ yíyàng gāo, dànshì bǐ nǐ zhuàng duō le.
그는 당신과 키는 비슷하지만 당신보다 훨씬 건장합니다.

 track 111

✅ 비교의 구체적인 차이 나타내기

비교한 결과 A와 B가 같을 때에는 'A跟B一样'을 사용합니다.

他跟你一样壮。 그는 당신과 마찬가지로 건장합니다.
Tā gēn nǐ yíyàng zhuàng.

我跟他一样喜欢看电影。
Wǒ gēn tā yíyàng xǐhuan kàn diànyǐng.
나는 그와 마찬가지로 영화 보는 것을 좋아합니다.

또 비교결과 뒤에 구체적인 차이를 나타내는 보어가 올 수도 있습니다.

这儿比北京冷多了。 여기는 베이징보다 훨씬 춥습니다.
Zhèr bǐ Běijīng lěng duō le.

哥哥比弟弟大三岁。 형은 동생보다 세 살이 많습니다.
Gēge bǐ dìdi dà sān suì.

⭐ 새 단어

yíyàng
一样 같다

dànshì
但是 하지만, 그런데

zhuàng
壮 건장하다, 튼튼하다

pàng
胖 뚱뚱하다

ǎi
矮 (키가) 작다

shànliáng
善良 착하다, 선량하다

chǒu
丑 못생기다

바꿔서 말해보세요!

타 껀 니 이 양
他跟你一样
Tā gēn nǐ yíyàng

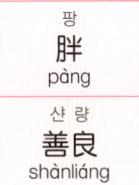
팡
胖 pàng
산 량
善良 shànliáng

，

딴 스 비 니
但是比你
dànshì bǐ nǐ

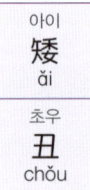
아이
矮 ǎi
초우
丑 chǒu

뚜어 러
多了。
duō le.

그는 당신과 비슷하게 뚱뚱하지만 당신보다 훨씬 키가 작아요.

그는 당신과 마찬가지로 착하지만 당신보다 훨씬 못생겼어요.

그림으로 배우는 **Feel必 어휘**

track 112

- 面条 국수 miàntiáo
- 辣的 매운 것 là de
- 咸的 짠 것 xián de
- 生鱼片 생선회 shēngyúpiàn
- 酸的 신 것 suān de
- 油腻的 느끼한 것 yóunì de
- 比萨饼 피자 bǐsàbǐng
- 汉堡包 햄버거 hànbǎobāo
- 甜的 단 것 tián de

✓ 음식과 관련된 어휘를 이용하여 다음 비교표현을 다양하게 연습해보세요.

我没有你喜欢吃_____。
Wǒ méiyǒu nǐ xǐhuan chī _____.

나는 너만큼 _____ 먹는 걸 좋아하지 않는다.

UNIT 15 今天比昨天冷。 181

긴 대화도 자신 있게 **회화 배우기**

🎧 track 113

회화 1

A: 今天天气真冷!
Jīntiān tiānqì zhēn lěng!

B: 是啊。今天比昨天冷。
Shì a. Jīntiān bǐ zuótiān lěng.

A: 天气预报说，明天比今天还冷。
Tiānqì yùbào shuō, míngtiān bǐ jīntiān hái lěng.

B: 这儿的天气你习惯了吗？
Zhèr de tiānqì nǐ xíguàn le ma?

A: 还没习惯呢。这儿比首尔冷多了!
Hái méi xíguàn ne. Zhèr bǐ Shǒu'ěr lěng duō le!

회화 2

A: 那个又高又壮的人是谁？
Nà ge yòu gāo yòu zhuàng de rén shì shéi?

B: 他是我的同屋。他跟你一样高，但是比你壮多了。
Tā shì wǒ de tóngwū. Tā gēn nǐ yíyàng gāo, dànshì bǐ nǐ zhuàng duō le.

A: 他比我大吗？
Tā bǐ wǒ dà ma?

B: 他没有你大。他比你小三岁。
Tā méiyǒu nǐ dà. Tā bǐ nǐ xiǎo sān suì.

A: 我看他有点儿❶胖。
Wǒ kàn tā yǒudiǎnr pàng.

B: 对。最近他一天比一天❷胖。
Duì. Zuìjìn tā yìtiān bǐ yìtiān pàng.

⭐ 새 단어

tiānqì yùbào	shuō	xíguàn	tóngwū	yǒudiǎnr	zuìjìn
天气预报 일기예보	说 말하다	习惯 습관(이 되다)	同屋 룸메이트	有点儿 조금	最近 최근, 요즘

A: 오늘 날씨 정말 춥다!
B: 맞아. 오늘이 어제보다 춥네.
A: 일기예보에서 그러는데 내일은 오늘보다 더 춥대.
B: 넌 여기 날씨에 익숙해졌니?
A: 아직 익숙해지지 않았어. 여기는 서울보다 훨씬 추운걸!

A: 저 키 크고 건장한 사람은 누구야?
B: 내 룸메이트야. 그는 너와 키가 같은데 너보다 훨씬 건장해.
A: 그는 나보다 나이가 많니?
B: 그는 너보다 나이가 많지 않아. 너보다 세 살 어려.
A: 내가 보기에 그는 조금 뚱뚱한 것 같다.
B: 맞아. 요즘 그는 날이 갈수록 뚱뚱해지고 있어.

이것도 알아두세요!

❶ '有点儿'은 동사나 형용사 앞에 쓰여서 상황이 '조금' 마음에 들지 않는다는 뉘앙스를 주는 표현입니다. 동사나 형용사 뒤에 쓰여 객관적인 정도가 '조금, 약간'임을 표현하는 '一点儿'과 구분해서 써야 합니다.

❷ '一天比一天'은 '하루가 다르게', '날이 갈수록'이라는 뜻으로 시간이 지남에 따라 변화의 정도가 뚜렷해지는 상황을 설명할 때 관용적으로 쓰이는 표현입니다. 매년의 변화를 설명할 때에는 '一年比一年'을 쓸 수 있습니다.

그림 따라 단어 따라 **표현 늘리기**

track 114

그림과 연관된 각 단어를 보기에 대입시켜 읽어보세요.

1 보기 今天比昨天 暖和。
(nuǎnhuo 따뜻하다)

① 冷 lěng   ② 热 rè   ③ 凉快 liángkuai

2 보기 他跟你一样 大, 但是比你 矮 多了。

① 高, 胖 gāo pàng   ② 胖, 帅 pàng shuài (잘생기다)   ③ 漂亮, 高 piàoliang gāo

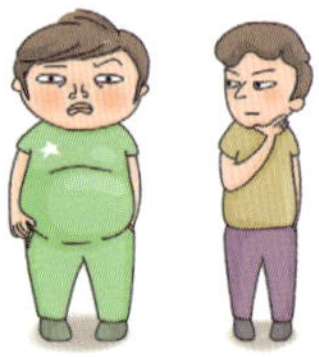

3 보기 他没有你 大。

① 健康 jiànkāng   ② 聪明 cōngming   ③ 壮 zhuàng

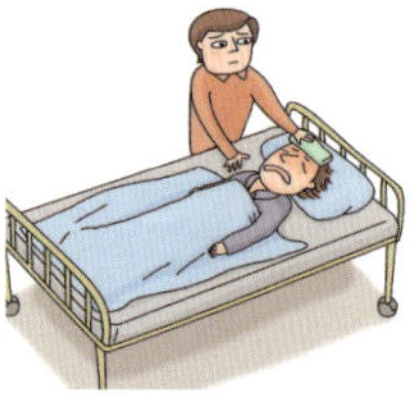

마무리 테스트로 **단어** 실력 다지기

1 다음 단어의 성조를 표시하세요.

① 天气 - tianqi　　　② 凉快 - liangkuai

③ 善良 - shanliang　　④ 聪明 - congming

2 녹음을 듣고 각 단어와 일치하는 사진을 고르세요. 🎧 track 115

①　_____　　②　_____　　③　_____

3 빈 칸에 들어갈 알맞은 단어를 보기에서 고르세요.

　　보기　　　　不如　　一样　　比

① 今天 _____ 昨天冷。Jīntiān bǐ zuótiān lěng.

② 他跟你 _____ 高。Tā gēn nǐ yíyàng gāo.

③ 首尔 _____ 上海热。Shǒu'ěr bùrú Shànghǎi rè.

1 녹음을 듣고 대화를 완성하세요.

① A: 今天比昨天热, 明天天气怎么样？

　　B: 天气预报说, _____ 。

② A: 他比我大吗？

　　B: _____ 。

2 녹음을 듣고 각각의 그림과 일치하는 상황이 A인지 B인지 써넣으세요.

① 　②

3 녹음을 듣고 녹음과 일치하는 문장에는 ○, 일치하지 않는 문장에는 ✕를 표시하세요.

① 我在北京学习。　　　　　　　□

② 这儿的天气没有首尔冷。　　　□

③ 我还没习惯这儿的天气。　　　□

④ 我的同屋比我小, 但是个子比我高。　□

마무리 테스트로 쓰기 실력 다지기

1 빈 칸에 들어갈 알맞은 말을 써넣으세요.

① 我比他_____。 나는 그보다 건강합니다.

② 他跟我一样胖，_____比我矮多了。
그는 나와 마찬가지로 뚱뚱하지만 나보다 키가 훨씬 작습니다.

③ 她不比你_____。 그녀는 당신보다 똑똑하지 않습니다.

2 해석을 보고 다음 단어들을 어순에 맞게 배열해보세요.

① 일기예보에서 그러는데 오늘은 어제보다 더 시원할 거래요.

比   今天   凉快   天气预报   还   说   昨天

_____

② 요즘 나는 날이 갈수록 뚱뚱해지고 있어요.

一天   胖   比   我   最近   一天

_____

3 다음 한국어 문장을 중국어로 바꿔보세요.

① 당신은 여기 날씨에 익숙해졌나요?

_____

② 여기는 베이징보다 훨씬 더운걸요!

_____

③ 내가 보기에 그녀는 약간 뚱뚱한 것 같네요.

_____

Memo

부록

- 실력 다지기 정답 및 녹음 대본
- 색인

실력 다지기 정답 및 녹음 대본

01 중국어의 발음

TRY IT! 1   p. 14

① bo   ② mo   ③ te   ④ le
⑤ ge   ⑥ he   ⑦ qi   ⑧ xi
⑨ zi   ⑩ chi   ⑪ shi   ⑫ ri

TRY IT! 2   p. 16

① kě   ② jí   ③ zhù   ④ tā
⑤ lóu   ⑥ xiū   ⑦ lèi   ⑧ hǎo
⑨ bàba   ⑩ gēge   ⑪ bú shì   ⑫ jǐngchá

마무리 테스트로 발음 실력 다지기   p. 21

2 ① nán   ② jiù   ③ gāo   ④ shuǐ
    ⑤ gǒu   ⑥ là   ⑦ zhí   ⑧ zhēn

3 ① lǎo   ② shuài   ③ lüè   ④ qún
    ⑤ zhǎo   ⑥ yūn

4 ① zhīshi ( ) - zìsī (v)
    ② shísì (v) - sìshí ( )
    ③ cūnzi (v) - chūnjì ( )
    ④ pǎobù ( ) - bǎobèi (v)

02 你好!

마무리 테스트로 발음 실력 다지기   p. 30

1 ① gāng   ② sòng   ③ běn   ④ jiào
    ⑤ qiáo   ⑥ jī

2 ① fǎng wèn   ② wǎng lái   ③ wǒ yě hǎo

3 ① yìtiáo   ② yìbǎi   ③ yìqiān

④ yíwàn   ⑤ bú lèi   ⑥ bùmǎn

마무리 테스트로 단어 실력 다지기   p. 31

1

중국어	한어병음	뜻
你	nǐ	너, 당신
我们	wǒmen	우리
不客气	búkèqi	천만에요
大家	dàjiā	여러분, 모두
谢谢	xièxie	감사합니다
再见	zàijiàn	잘 가

2 ① 老师   ② 不用

3 ① 一会儿见!   ② 朋友们好!

03 你叫什么名字?

그림 따라 단어 따라 표현 늘리기   p. 40

1 ① A: 你买吗?   B: 我买。
    ② A: 你来吗?   B: 我来。
    ③ A: 你看吗?   B: 我看。

2 ① A: 你累吗?   B: 我很累。
    ② A: 你忙吗?   B: 我不忙。
    ③ A: 你高兴吗?   B: 我很高兴。

3 ① A: 你叫什么名字?   B: 我叫李英俊。
    ② A: 你叫什么名字?   B: 我叫朴娜丽。
    ③ A: 你叫什么名字?   B: 我叫崔珍旭。

마무리 테스트로 발음 실력 다지기   p. 41

1 ① yǎnjìngr   ② yíxiàr
    ③ xiǎoháir   ④ yìdiǎnr

2 ① wánr   ② gēr
    ③ huār   ④ gàir

3 ① nǚ'ér   ② Tiān'ānmén
    ③ rè'ài   ④ tiān'é

마무리 테스트로 단어 실력 다지기   p. 42

1 ① mǎi   ② lèi   ③ nín   ④ guì

2

중국어	한어병음	뜻
去	qù	가다
来	lái	오다
高兴	gāoxing	기쁘다
姓	xìng	성이 ~이다
什么	shénme	무엇
名字	míngzi	이름

3 ① 来   ② 忙   ③ 姓 / 叫

마무리 테스트로 듣기·쓰기 실력 다지기   p. 43

1 ① 我很累，不去   ② 您贵姓

2 ① 也   ② 名字   ③ 认识

3 ① 你忙吗?
　　② 你叫什么名字?
　　③ 认识你我也很高兴。

04 你是韩国人吗?

그림 따라 단어 따라 표현 늘리기   p. 52

1 ① A: 你是哪国人?   B: 我是中国人。
　　② A: 你是哪国人?   B: 我是美国人。
　　③ A: 你是哪国人?   B: 我是日本人。

2 ① A: 这是什么?   B: 这是我的电脑。
　　② A: 这是什么?   B: 这是我的书。
　　③ A: 这是什么?   B: 这是我的电子游戏机。

3 ① A: 他是谁?   B: 他是我朋友。
　　② A: 他是谁?   B: 他是我哥哥。
　　③ A: 他是谁?   B: 他是我老师。

마무리 테스트로 단어 실력 다지기   p. 53

1 ① Hánguó   ② shénme   ③ shéi   ④ jiějie

2 ① a   ② c   ③ b

　녹음원본
　① 美国   ② 电脑   ③ 学校

3 ① 哪   ② 大学生   ③ 电子游戏机

마무리 테스트로 듣기 실력 다지기   p. 54

1 ① 你是中国人吗 / 韩国人
　　② 这是我的电脑
　　③ 他是谁

2 ① B   ② A

　녹음원본
　① 你是中国人吗?
　　A: 我不是中国人，我是日本人。
　　B: 我不是中国人，我是韩国人。
　② 她是谁?
　　A: 她是我奶奶。
　　B: 她是我姐姐。

3 ① ×   ② ○   ③ ○   ④ ×

　녹음원본
　我朋友王丽是中国人。她是大学生。这是她的电子词典。

마무리 테스트로 쓰기 실력 다지기   p. 55

1 ① 不是   ② 词典
　　③ 姐姐 / 朋友

2 ① 你们老师是日本人吗?
　　② 这是我们公司的电脑。

3 ① 你是韩国人吗?
　　② 这是我的书。
　　③ 他是我哥哥。

실력 다지기 정답 및 녹음 대본

05 你喜欢什么？

그림 따라 단어 따라 표현 늘리기 p. 64

1 ① A: 你做什么？ B: 我看电影。
② A: 你做什么？ B: 我看电视。
③ A: 你做什么？ B: 我看小说。

2 ① A: 你做什么？ B: 我在书店工作。
② A: 你做什么？ B: 我在学校学习。
③ A: 你做什么？ B: 我在图书馆看书。

3 ① A: 你喜欢什么？ B: 我喜欢唱歌。
② A: 你喜欢什么？ B: 我喜欢弹钢琴。
③ A: 你喜欢什么？ B: 我喜欢写信。

마무리 테스트로 단어 실력 다지기 p. 65

1 ① shū ② fàn
③ xuéxí ④ yīnyuè

2 ① c ② a ③ b

녹음원본
① 电视 ② 书店 ③ 电影

3 ① 做 ② 工作 ③ 喜欢

마무리 테스트로 듣기 실력 다지기 p. 66

1 ① 我在家看电视
② 我喜欢弹钢琴

2 ① A ② B

녹음원본
① 今天你做什么？
A: 我在家看书。
B: 我在书店看书。
② 你喜欢什么？
A: 我喜欢玩儿电脑游戏。
B: 我喜欢听音乐。

3 ① × ② ○ ③ × ④ ○

녹음원본
今天我在家学习，明天跟朋友一起玩儿。我的爱好是弹钢琴，我朋友喜欢唱歌。

마무리 테스트로 쓰기 실력 다지기 p. 67

1 ① 学校 ② 书店 ③ 一起 / 公园

2 ① 今天我不在家学习。
② 你的爱好是什么？

3 ① 我的爱好是唱歌。
② 我跟朋友一起玩儿电脑游戏。
③ 我不在学校工作。

06 你去哪儿？

그림 따라 단어 따라 표현 늘리기 p. 76

1 ① A: 你家在哪儿？ B: 我家在北京。
② A: 你家在哪儿？ B: 我家在上海。
③ A: 你家在哪儿？ B: 我家在纽约。

2 ① A: 你去哪儿？ B: 我去医院。
② A: 你去哪儿？ B: 我去卫生间。
③ A: 你去哪儿？ B: 我去餐厅。

3 ① A: 你去哪儿？ B: 我去商店买水果。
② A: 你去哪儿？ B: 我去药店买药。
③ A: 你去哪儿？ B: 我去百货商店买衣服。

마무리 테스트로 단어 실력 다지기 p. 77

1 ① nǎr ② yínháng
③ shāngdiàn ④ yào

2 ① c ② b ③ a

녹음원본
① 医院 ② 飞机 ③ 水果

3 ① 首尔　　② 药店　　③ 坐

마무리 테스트로 듣기 실력 다지기　　*p. 78*

1 ① 我去商店买水果
　② 我家在上海 / 我家不在上海

2 ① B　　　　　　② A

녹음원본

① 你家在哪儿?
　A: 我家在首尔。
　B: 我家在北京。
② 你们去哪儿?
　A: 我们去公园。
　B: 我们去银行。

3 ① ✕　　② ○　　③ ○　　④ ✕

녹음원본

我家在首尔。现在我在釜山大学学习。我的爱好是看书。我喜欢去书店买书。

마무리 테스트로 쓰기 실력 다지기　　*p. 79*

1 ① 百货商店
　② 餐厅
　③ 不在

2 ① 我去看电影。
　② 我在北京大学学习。

3 ① 我家在首尔。
　② 我去卫生间，你也去吗?
　③ 对不起，我也不知道。

07　今天几月几号?

그림 따라 단어 따라 표현 늘리기　　*p. 88*

1 ① A: 昨天几月几号?　B: 昨天一月七号。
② A: 明天几月几号?　B: 明天五月九号。
③ A: 后天几月几号?　B: 后天六月十二号。

2 ① A: 明天星期几?　B: 明天星期三。
② A: 昨天星期几?　B: 昨天星期五。
③ A: 后天星期几?　B: 后天星期天。

3 ① A: 你什么时候回家?　B: 今年十月。
② A: 你什么时候放假?　B: 今年八月。
③ A: 你什么时候回国?　B: 今年五月。

마무리 테스트로 단어 실력 다지기　　*p. 89*

1 ① shí yuè shíqī hào　　② èrlínglíngbā nián
③ xīngqītiān　　　　　　④ shénme shíhou

2
중국어	한어병음	뜻
月	yuè	월
星期几	xīngqī jǐ	무슨 요일
花甲日	huājiǎrì	환갑
零	líng	영(0)
明年	míngnián	내년
祝贺	zhùhè	축하하다

3 ① 号　　② 星期　　③ 回国

마무리 테스트로 듣기 실력 다지기　　*p. 90*

1 ① 不是星期五 / 星期天
　② 我们一起去祝贺他

2 ① B　　　　　　② A

녹음원본

① 今天星期几?
　A: 今天星期三。
　B: 今天星期五。
② 你什么时候去中国?
　A: 我明年三月去中国。
　B: 我明年六月去中国。

3 ① ○　　② ○　　③ ✕　　④ ✕

실력 다지기 정답 및 녹음 대본

녹음원본

今天十月六号，星期五。明天是我哥哥的生日。明天我哥哥的朋友们来我家。

마무리 테스트로 쓰기 실력 다지기　　p. 91

1　① 回国　　② 花甲日　　③ 祝贺

2　① 今天不是星期五，明天星期五。
　　② 你什么时候去韩国？

3　① 今天十一月一号。
　　② 她什么时候去书店？
　　③ 明天去紫禁城，好吗？

08 你家有几口人?

그림 따라 단어 따라 표현 늘리기　　p. 100

1　① A: 你有哥哥吗？　　B: 我有两个哥哥。
　　② A: 你有妹妹吗？　　B: 我有一个妹妹。
　　③ A: 你有弟弟吗？　　B: 我有一个弟弟。

2　① 她家有三口人。爸爸，妈妈和她。
　　② 她家有五口人。爸爸，妈妈，一个姐姐，一个哥哥和她。
　　③ 她家有六口人。爸爸，妈妈，两个妹妹，一个弟弟和她。

3　① A: 你做什么工作？　　B: 我是警察。
　　② A: 你做什么工作？　　B: 我是司机。
　　③ A: 你做什么工作？　　B: 我是歌手。

마무리 테스트로 단어 실력 다지기　　p. 101

1　① kǒu　　　　② liǎng
　　③ jiāo　　　　④ Hànyǔ

2　① a　　　② b　　　③ c

녹음원본

① 警察　　② 医生　　③ 记者

3　① 有　　② 大姐　　③ 独生女

마무리 테스트로 듣기 실력 다지기　　p. 102

1　① 我没有姐姐 / 独生女
　　② 我在大学工作

2　① A　　　　　　② B

녹음원본

① 你有姐姐吗？
　　A: 没有，我有一个妹妹。
　　B: 没有，我有一个弟弟。

② 你做什么工作？
　　A: 我是记者。
　　B: 我是学生。

3　① ×　　② ○　　③ ×　　④ ×

녹음원본

我家有五口人。爸爸、妈妈、两个哥哥和我。我爸爸在银行工作，妈妈不工作。我大哥在医院工作。二哥在学校工作。我是大学生。

마무리 테스트로 쓰기 실력 다지기　　p. 103

1　① 没有　　② 和　　③ 图书馆

2　① 我姐姐在大学教汉语。
　　② 我爸爸在书店工作。

3　① 我有两个哥哥和一个妹妹。
　　② 大姐是老师，二姐是医生。
　　③ 我妈妈不工作。

09 现在几点?

그림 따라 단어 따라 표현 늘리기 p. 112

1 ① A: 现在几点?
   B: 两点三十分。or 两点半。
   ② A: 现在几点?   B: 十二点五十五分。
   ③ A: 现在几点?   B: 八点十分。

2 ① A: 你几点吃晚饭?
   B: 差一刻七点。or 六点三刻。
   ② A: 你几点上班?   B: 八点一刻。
   ③ A: 你几点下班?   B: 七点一刻。

3 ① A: 我们一起去学习, 好吗?
   B: 好, 半个小时以后去吧。
   ② A: 我们一起去看电影, 好吗?
   B: 好, 两天以后去吧。
   ③ A: 我们一起去玩儿电脑游戏, 好吗?
   B: 好, 一个小时以后去吧。

마무리 테스트로 단어 실력 다지기 p. 113

1 ① diǎn   ② fēn
   ③ chà   ④ xiǎoshí

2 ① c   ② b   ③ a
   녹음원본
   ① 早饭   ② 保龄球   ③ 上班

3 ① 点 / 分   ② 差 / 刻   ③ 以后

마무리 테스트로 듣기 실력 다지기 p. 114

1 ① 六点半
   ② 太晚了, 七点吧

2 ① A   ② B
   녹음원본
   ① 你几点回家?
   A: 我差一刻七点回家。
   B: 我四点半回家。
   ② 我们一起去打保龄球, 好吗?
   A: 好, 我们两个小时以后去吧。
   B: 好, 我们半个小时以后去吧。

3 ① ×   ② ○   ③ ×   ④ ○
   녹음원본
   我早上七点吃早饭, 八点半上班。晚上六点半下班, 七点吃晚饭。今天下班以后我跟朋友一起去打保龄球。

마무리 테스트로 쓰기 실력 다지기 p. 115

1 ① 上班
   ② 一刻 or 十五分
   ③ 两天

2 ① 我差十分七点吃早饭。
   ② 太晚了, 半个小时以后去吧。

3 ① 现在差一刻八点。
   ② 我们一起下班, 好吗?
   ③ 我们早上九点去吧。

10 一共多少钱?

그림 따라 단어 따라 표현 늘리기 p. 124

1 ① A: 你要买什么?   B: 我要买一听可乐。
   ② A: 你要买什么?   B: 我要买一斤苹果。
   ③ A: 你要买什么?   B: 我要买三听橙汁。

2 ① A: 一共多少钱?   B: 四块二。
   ② A: 一共多少钱?   B: 六块七毛四。
   ③ A: 一共多少钱?   B: 三块零八分。

실력 다지기 정답 및 녹음 대본

3 ① A: 橘子怎么卖? B: 一斤六块三。
② A: 香蕉怎么卖? B: 一斤八块四。
③ A: 葡萄怎么卖? B: 一斤五块九。

마무리 테스트로 단어 실력 다지기 p. 125

1 ① yào ② píng
③ kuài ④ jīn

2 ① b ② a ③ c

녹음원본
① 钱 ② 啤酒 ③ 草莓

3 ① 可乐 ② 一共 ③ 卖

마무리 테스트로 듣기 실력 다지기 p. 126

1 ① 有青岛啤酒吗
② 便宜点儿吧

2 ① B ② B

녹음원본
① 你要买什么?
A: 我要买一听橙汁, 还要一瓶可乐。
B: 我要买两瓶啤酒, 还要一听可乐。
② 一共多少钱?
A: 一共四块三毛一。
B: 一共五块零八分。

3 ① ✕ ② ✕ ③ ✕ ④ ○

녹음원본
A: 王丽, 你好! 你要买什么?
B: 香蕉怎么卖?
A: 一斤四块三。
B: 草莓呢?
A: 一斤三块八。
B: 我要一斤香蕉和三斤草莓。

마무리 테스트로 쓰기 실력 다지기 p. 127

1 ① 不想
② 不用
③ 两 / 两 / 二

2 ① 我要两瓶啤酒, 还要一听橙汁。
② 我买三斤草莓, 给你钱。

3 ① 一共多少钱?
② 一斤四块二, 怎么样?
③ 还要一斤苹果。

11 你今年多大?

그림 따라 단어 따라 표현 늘리기 p. 136

1 ① A: 你今年几岁? B: 我六岁。
② A: 您今年多大年纪? B: 我七十四岁。
③ A: 你今年多大? B: 我十八岁。

2 ① A: 你属什么? B: 我属鸡。
② A: 你属什么? B: 我属马。
③ A: 你属什么? B: 我属牛。

3 ① A: 你的行李多重? B: 四公斤左右。
② A: 你的个子多高? B: 一米八左右。
③ A: 这条马路多宽? B: 三十米左右。

마무리 테스트로 단어 실력 다지기 p. 137

1 ① duō ② shǔ
③ kuān ④ mǐ

2 ① a ② c ③ b

녹음원본
① 行李 ② 牛 ③ 狗

3 ① 岁 ② 猴 ③ 左右

마무리 테스트로 듣기 실력 다지기 p. 138

1 ① 你父亲今年多大年纪
　　② 你妹妹属什么

2 ① A　　　② B

녹음원본

① 你属什么?
　A: 我属羊。
　B: 我属狗。

② 你多重?
　A: 我五十公斤左右。
　B: 我八十公斤左右。

3 ① ×　　② ○　　③ ×　　④ ○

녹음원본

我爸爸今年五十五岁，妈妈四十九岁。我是独生女。我今年二十七岁。我属狗。

마무리 테스트로 쓰기 실력 다지기 p. 139

1 ① 属　　② 个子　　③ 听说

2 ① 他儿子三十岁左右。
　　② 你的行李多重?

3 ① 我儿子今年十五岁。
　　② 他的个子一米八十多。
　　③ 那条马路多宽?

12 请问，电影院在哪儿?

그림 따라 단어 따라 표현 늘리기 p. 148

1 ① A: 请问，药店在哪儿?
　　　B: 药店在医院旁边。
　　② A: 请问，书店在哪儿?
　　　B: 书店在图书馆前边。
　　③ A: 请问，电影院在哪儿?
　　　B: 电影院在学校和百货商店中间。

2 ① 一直往前走，到十字路口往左拐。
　　② 一直往前走，到十字路口往北拐。
　　③ 一直往前走，到十字路口往南拐。

3 ① A: 医院离这儿远不远?　　B: 不远。
　　② A: 卫生间离这儿远不远?　　B: 很远。
　　③ A: 你家离这儿远不远?　　B: 不远。

마무리 테스트로 단어 실력 다지기 p. 149

1 ① zǒu　　② wǎng
　　③ yòu　　④ lí

2 ① b　　② c　　③ a

녹음원본

① 电影院　　② 十字路口　　③ 邮局

3 ① 请问　　② 一直　　③ 离

마무리 테스트로 듣기 실력 다지기 p. 150

1 ① 图书馆在银行后边
　　② 到十字路口往南拐

2 ① B　　② B

녹음원본

① 劳驾，银行在哪儿?
　A: 银行在药店旁边。
　B: 你看! 那个楼就是。

② 请问，首尔电影院怎么走?
　A: 一直往前走，到十字路口往左拐。
　B: 一直往前走，到十字路口往右拐。

3 ① ○　　② ○　　③ ○　　④ ×

녹음원본

我的学校里有图书馆、医院和书店。图书馆在医院北边，医院在书店西边，书店在图书馆南边。

마무리 테스트로 쓰기 실력 다지기 p. 151

1 ① 下边的书

실력 다지기 정답 및 녹음 대본

② 怎么走

③ 远不远／远吗

2 ① 电影院在北京大学旁边。

② 一直往前走，到十字路口往左拐。

3 ① 中国银行怎么走？

② 不太远。

③ 你看！那个楼就是。

13 请问，去颐和园怎么坐车？

그림 따라 단어 따라 표현 늘리기 p.160

1 ① A: 劳驾，去天安门怎么坐车？

B: 先坐公共汽车，然后换地铁。

② A: 劳驾，去颐和园怎么坐车？

B: 先坐地铁，然后坐出租汽车。

③ A: 劳驾，去釜山怎么坐车？

B: 先坐火车，然后坐3路公共汽车。

2 ① A: 我们坐出租汽车去还是坐地铁去？

B: 坐地铁去吧，又快又便宜。

② A: 我们坐飞机去还是坐船去？

B: 坐船去吧，又便宜又有意思。

③ A: 我们骑摩托车去还是骑自行车去？

B: 骑摩托车去吧，又快又有意思。

마무리 테스트로 단어 실력 다지기 p.161

1 ① xiān ② qí ③ zhàn ④ jiàn

2 ① b ② c ③ a

녹음원본

① 自行车 ② 地铁 ③ 衣服

3 ① 先 / 然后 ② 换 ③ 还是

마무리 테스트로 듣기 실력 다지기 p.162

1 ① 劳驾，去颐和园怎么坐车

② 在天安门站换车，换515路

2 ① A ② B

녹음원본

① 劳驾，去上海大学怎么坐车？

A: 先过马路，然后坐301路公共汽车。

B: 先坐地铁，然后换公共汽车。

② 去学校坐地铁去还是坐公共汽车去？

A: 坐公共汽车去吧，又快又舒服。

B: 坐地铁去吧，又快又便宜。

3 ① × ② ○ ③ ○ ④ ×

녹음원본

星期天我要跟朋友一起去颐和园。去颐和园坐出租汽车太贵了，所以(suǒyǐ 그래서)我们要坐公共汽车去。坐公共汽车又便宜又舒服。我们先坐7路公共汽车，然后要换88路。

마무리 테스트로 쓰기 실력 다지기 p.163

1 ① 过 ② 骑 ③ 又 / 又

2 ① 请问，到颐和园还有几站？

② 坐飞机太贵了，还是坐火车去吧。

3 ① 先吃饭然后去学校吧。

② 你今天去还是明天去？

③ 坐火车又便宜又舒服。

14 我感冒了。

그림 따라 단어 따라 표현 늘리기 p.172

1 ① A: 你怎么了？ B: 我受伤了。

② A: 你怎么了？ B: 我发烧了。

③ A: 你怎么了？ B: 我头晕了。

2 ① 你吃吃药吧。
② 你看看书吧。
③ 你锻炼锻炼身体吧。

3 ① 你吃过烤鸭吗？
② 你去过首尔吗？
③ 你听过中国歌吗？

마무리 테스트로 단어 실력 다지기   p. 173

1 ① gǎnmào   ② tóuténg
③ xiūxi   ④ cháng

2 ① b   ② a   ③ c

녹음원본

① 受伤   ② 发烧   ③ 烤鸭

3 ① 怎么   ② 休息休息 ③ 过

마무리 테스트로 듣기 실력 다지기   p. 174

1 ① 你怎么了   ② 我还没吃过呢

2 ① A   ② A

녹음원본

① 你怎么了？   ② 你吃过烤鸭吗？
  A: 我发冷。   A: 我吃过。
  B: 我流鼻涕。   B: 我没有吃过。

3 ① ✕   ② ◯   ③ ◯   ④ ✕

녹음원본

我和王丽都没吃过烤鸭。周末我们要去全聚德吃烤鸭。周末我去她家的时候她病了。她说头疼、咳嗽，要去医院。

마무리 테스트로 쓰기 실력 다지기   p. 175

1 ① 受伤   ② 试试表   ③ 没有 / 韩文

2 ① 你看看，这件衣服怎么样？
② 我没有看过中国电影。

3 ① 你不用打针。
② 请你到药房去拿药。
③ 烤鸭是北京的名菜。

15 今天比昨天冷。

그림 따라 단어 따라 표현 늘리기   p. 184

1 ① 今天比昨天冷。
② 今天比昨天热。
③ 今天比昨天凉快。

2 ① 他跟你一样高，但是比你胖多了。
② 他跟你一样胖，但是比你帅多了。
③ 她跟你一样漂亮，但是比你高多了。

3 ① 他没有你健康。
② 他没有你聪明。
③ 他没有你壮。

마무리 테스트로 단어 실력 다지기   p. 185

1 ① tiānqì   ② liángkuai
③ shànliáng   ④ cōngming

2 ① a   ② b   ③ c

녹음원본

① 冷   ② 胖   ③ 热

3 ① 比   ② 一样   ③ 不如

마무리 테스트로 듣기 실력 다지기   p. 186

1 ① 明天比今天还热
② 他跟你一样大，但是比你更高

2 ① B   ② A

실력 다지기 정답 및 녹음 대본

녹음원본

① 今天天气怎么样?
　A: 今天比昨天热。
　B: 今天比昨天冷。
② 她个子比我高吗?
　A: 她比你高多了。
　B: 她跟你一样高。

3 ① ○　　② ×　　③ ×　　④ ○

녹음원본

我在北京学习。这儿比首尔冷多了，但是我已经(yǐjing 이미)习惯了这儿的天气。我的同屋比我小两岁，但是比我高多了。

마무리 테스트로 쓰기 실력 다지기　　p. 187

1　① 健康　　② 但是　　③ 聪明

2　① 天气预报说，今天比昨天还凉快。
　② 最近我一天比一天胖。

3　① 这儿的天气你习惯了吗?
　② 这儿比北京热多了!
　③ 我看她有点儿胖。

색인

A

矮 ǎi (키가) 작다 180
爱好 àihào 취미 60

B

爸爸 bàba 아버지 24, 49
百 bǎi 백(100) 82
百货商店 bǎihuòshāngdiàn 백화점 73
半 bàn 반, 30분 106
保龄球 bǎolíngqiú 볼링 108
北边 běibian 북쪽 145
北京 Běijīng 베이징[지명] 70
北京大学 Běijīng Dàxué 베이징대학교 142
比 bǐ ~보다 178
比萨饼 bǐsàbǐng 피자 181
不 bù ~하지 않다 26
不比 bùbǐ ~보다 ~하지 않다 179
不客气 búkèqi 천만에요(별말씀을요) 26
不如 bùrú ~만큼 ~하지 않다 179
不太 bútài 그다지 ~하지 않다 146
不用谢 búyòng xiè 천만에요(별말씀을요) 26
不知道 bùzhīdào 모르다 74

C

菜 cài 요리 168
餐厅 cāntīng 식당 73
草莓 cǎoméi 딸기 120
差 chà 모자라다, 부족하다 107
尝 cháng 맛보다 168
长 cháng 길다 132
长安街 Cháng'ānjiē 창안지에(거리명) 132
长城 Chángchéng 만리장성 132
唱歌 chàng gē 노래를 부르다 61
车 chē 차 155

橙汁 chéngzhī 오렌지주스 122
吃 chī 먹다 58
吃晚饭 chī wǎnfàn 저녁을 먹다 109, 112
吃午饭 chī wǔfàn 점심을 먹다 109
吃早饭 chī zǎofàn 아침을 먹다 109
丑 chǒu 못생기다 180
出租汽车 chūzūqìchē 택시 157
船 chuán 배 157
词典 cídiǎn 사전 47
聪明 cōngming 영리하다, 똑똑하다 179
崔珍旭 Cuī Zhēnxù 최진욱(인명) 40

D

打 dǎ (공을) 치다, 때리다 108
大 dà (나이가) 많다, 크다 130, 133
大家 dàjiā 여러분, 모두 24
大姐 dàjiě 큰누나(언니) 98
大学生 dàxuéshēng 대학생 50
打针 dǎzhēn 주사를 맞다 171
但是 dànshì 하지만, 그런데 180
到 dào 도착하다 143
的 de ~의 47
低 dī 낮다 133
弟弟 dìdi 남동생 49
地铁 dìtiě 지하철 154, 157
点 diǎn 시(時) 106
电脑 diànnǎo 컴퓨터 47
电视 diànshì 텔레비전 58
电影 diànyǐng 영화 60
电影院 diànyǐngyuàn 영화관, 극장 142
电子词典 diànzǐ cídiǎn 전자사전 50
电子游戏机 diànzǐ yóuxìjī 전자오락기 50
东 dōng 동쪽 143
东边 dōngbian 동쪽 145

색인

独生女 dúshēngnǚ 외동딸	98
肚子疼 dùzi téng 배가 아프다	169
锻炼 duànliàn 단련하다, 트레이닝하다	172
对不起 duìbuqǐ 미안합니다	74
多 duō 얼마나, 얼마나 ~한가	130, 132
多大 duō dà (나이가) 얼마인가	130
多少 duōshao 얼마	119

E

二姐 èrjiě 둘째 누나(언니)	98
儿子 érzi 아들	49

F

发冷 fālěng 오한이 나다	169
发烧 fāshāo 열이 나다	167, 169
饭 fàn 밥, 식사	58
放假 fàngjià 방학하다	88
放学 fàngxué 학교가 파하다	109
非常 fēicháng 아주, 매우	134
飞机 fēijī 비행기	72, 157
分 fēn 분	106
分钟 fēnzhōng 분	144
父亲 fùqin 아버지	134
釜山 Fǔshān 부산[지명]	74

G

感冒 gǎnmào 감기(에 걸리다)	166
钢琴 gāngqín 피아노	62
高 gāo 높다, (키가) 크다	133, 134
高兴 gāoxìng 기쁘다	38
个 ge 명, 개(사용 범위가 가장 넓은 양사)	94
哥哥 gēge 형(오빠)	48, 49
歌手 gēshǒu 가수	97
个子 gèzi 키	134
给 gěi 주다	122
跟 gēn ~와	62
公共汽车 gōnggòngqìchē 버스	154, 157
公斤 gōngjīn 킬로그램(kg)	136
公司 gōngsī 회사	48
公园 gōngyuán 공원	62
工作 gōngzuò 일(하다)	59
狗 gǒu 개	131
拐 guǎi 방향을 꺾다, 돌다	143
贵 guì 귀하다, 가치가 있다, 비싸다	36, 122
过 guò 건너다	154
过 guo 과거의 경험을 나타내는 조사	168

H

还 hái 또	122
还是 háishi 아니면, ~하는 편이 더 좋다	156, 159
汉堡包 hànbǎobāo 햄버거	181
韩国 Hánguó 한국	46
韩国人 Hánguórén 한국인	46
韩文 Hánwén 한국어	168
汉语 Hànyǔ 중국어	98
号 hào 일(日)	82
好 hǎo 좋다, 안녕하다, 잘 지내다	24, 133
好看 hǎokàn 보기 좋다, 예쁘다	156
和 hé 그리고, ~와	95
很 hěn 아주, 매우	38
猴 hóu 원숭이	131
后边 hòubian 뒤(쪽)	142, 145
后年 hòunián 후년	84
后天 hòutiān 모레	85
虎 hǔ 호랑이	131
花甲日 huājiǎrì 환갑	86
坏 huài 나쁘다	133
换 huàn 바꾸다, (차를) 갈아타다, 환승하다	155

回国 huíguó 귀국하다	86	
回家 huíjiā 귀가하다	74	
火车 huǒchē 기차	156, 157	

J

鸡 jī 닭	131
几 jǐ 몇	82
记者 jìzhě 기자	96, 97
家 jiā 집	59, 70
见 jiàn 만나다	27
件 jiàn 벌(옷을 세는 양사)	156
健康 jiànkāng 건강하다	178
教 jiāo 가르치다	98
叫 jiào ~라고 불리다	36
姐姐 jiějie 언니(누나)	48, 49
斤 jīn 근	120
金明姬 Jīn Míngjī 김명희(인명)	36, 40
今年 jīnnián 올해	84
今天 jīntiān 오늘	62, 85
警察 jǐngchá 경찰	97, 98
景福宫 Jǐngfúgōng 경복궁	74
就 jiù 바로	146
橘子 júzi 귤	121

K

看 kàn 보다	58
看电视 kàn diànshì TV를 보다	61
看小说 kàn xiǎoshuō 소설을 읽다	61
烤鸭 kǎoyā 카오야, 베이징오리구이	168
刻 kè 15분을 세는 단위	107
可乐 kělè 콜라	118
客气 kèqi 사양하다	26
咳嗽 késou 기침하다	169
口 kǒu 명(가족 수를 세는 양사)	95
块 kuài 위엔[화폐단위]	119
快 kuài 빠르다	133, 156
宽 kuān 넓다	132

L

辣的 là de 매운 것	181
拉肚子 lā dùzi 설사가 나다	169
来 lái 오다	34
劳驾 láojià 죄송합니다, 미안합니다	146
老师 lǎoshī 선생님	25, 97
了 le 문장 끝에 쓰여 변화를 나타냄	110
累 lèi 피곤하다	35
冷 lěng 춥다	178
离 lí ~로 부터	144
李 Lǐ 이씨	36
里边 lǐbian 안쪽	145
李英俊 Lǐ Yīngjùn 이영준	40
荔枝 lìzhī 여지	121
梨子 lízi 배	121
零 líng 영(0)	82
两 liǎng 둘, 2	98
凉快 liángkuai 시원하다, 선선하다	178
两天 liǎngtiān 이틀	108
流鼻涕 liú bítì 코를 흘리다	169
龙 lóng 용	131
楼 lóu 건물	146
路 lù 버스 노선 번호	155

M

吗 ma 의문을 나타내는 어기조사	34
马 mǎ 말	131
马路 mǎlù 대로, 큰길	134
妈妈 māma 어머니	24, 49
买 mǎi 사다	34

색인

卖 mài 팔다	120
慢 màn 느리다	133
忙 máng 바쁘다	35
毛 máo 마오[화폐단위]	119
美国人 Měiguórén 미국인	46
妹妹 mèimei 여동생	49
没有 méiyǒu 없다	94
米 mǐ 미터	132
面条 miàntiáo 국수	181
名菜 míngcài 유명한[간판]요리	171
明年 míngnián 내년	84
明天 míngtiān 내일	27, 62, 83, 85
名字 míngzi 이름	36
摩托车 mótuōchē 오토바이	157

N

拿 ná 가지다, 받다	171
哪 nǎ 어느	46
那 nà 저, 저것, 그, 그것	50
那个 nà ge 저것	146
那里 nàli 저곳, 저기	71
哪儿 nǎr 어디	70
那儿 nàr 저곳, 저기	71
奶奶 nǎinai 할머니	49
难 nán 어렵다	133
南 nán 남쪽	143
南边 nánbian 남쪽	145
男朋友 nánpéngyou 남자친구	166
你 nǐ 너, 당신	24
你好 nǐ hǎo 안녕![만났을 때 하는 인사]	24
你们 nǐmen 너희들	25
年 nián 년, 해	82
年纪 niánjì 나이	130
您 nín 당신(你의 존칭)	25

牛 niú 소	131
纽约 Niǔyuē 뉴욕	76
暖和 nuǎnhuo 따뜻하다	184
女儿 nǚ'ér 딸	49

P

胖 pàng 뚱뚱하다	180
旁边 pángbiān 옆(쪽)	142, 145
朋友们 péngyoumen 친구들	25
啤酒 píjiǔ 맥주	118
便宜 piányi 싸다	122, 133
漂亮 piàoliang 예쁘다	178
朴娜丽 Piáo Nàlì 박나리	40
瓶 píng 병, 병을 세는 양사	118
苹果 píngguǒ 사과	121
葡萄 pútáo 포도	120, 121

Q

骑 qí 타다	154
汽车 qìchē 자동차	157
起床 qǐchuáng 일어나다	109
千 qiān 천(1000)	82
钱 qián 돈	119
前 qián 앞	143
前边 qiánbian 앞(쪽)	134, 142, 145
前年 qiánnián 재작년	84
前天 qiántiān 그제	85
青岛啤酒 Qīngdǎo Píjiǔ 칭다오맥주	122
请问 qǐngwèn 말씀 좀 묻겠습니다, 실례합니다	142
去 qù 가다	34
去年 qùnián 작년	84
全聚德 Quánjùdé 취엔쥐더(베이징의 유명한 오리요리 전문점)	171

R

然后 ránhòu ~한 후에, 그러고 나서   154
热 rè 덥다   178
人 rén 사람   46
人民币 rénmínbì 런민삐, 인민폐   119
认识 rènshi 알다   38
日 rì 일   82
日本人 Rìběnrén 일본인   46
容易 róngyì 쉽다   133

S

善良 shànliáng 착하다, 선량하다   180
上班 shàngbān 출근하다   107, 109
上边 shàngbian 위쪽   145
商店 shāngdiàn 상점   72, 73
上个星期 shàng ge xīngqī 지난주   85
上个月 shàng ge yuè 지난달   85
上海 Shànghǎi 상하이[지명]   70
上课 shàngkè 수업하다   144
上学 shàngxué 등교하다   109
蛇 shé 뱀   131
谁 shéi 누구   48
什么 shénme 무엇   36, 47
什么时候 shénme shíhou 언제   84
身体 shēntǐ 몸, 신체   172
生鱼片 shēngyúpiàn 생선회   181
是 shì ~이다   46
试表 shìbiǎo 체온을 재다   167
十字路口 shízìlùkǒu 십자로, 사거리   143
首尔 Shǒu'ěr 서울[지명]   70
售货员 shòuhuòyuán 판매원   97
受伤 shòushāng 상처를 입다, 부상당하다   166
鼠 shǔ 쥐   131
属 shǔ ~띠이다   131
书 shū 책   52
书店 shūdiàn 서점   59, 73
舒服 shūfu 편하다   156
帅 shuài 잘생기다   184
睡觉 shuìjiào 잠자다   109
水果 shuǐguǒ 과일   72
说 shuō 말하다   183
司机 sījī 운전기사   97
酸的 suān de 신 것   181
岁 suì 세, 살   130

T

他 tā 그   25
她 tā 그녀   25
它 tā 그것   25
他们 tāmen 그들   25
她们 tāmen 그녀들   25
它们 tāmen 그것들   25
太 tài 너무, 아주   110
弹 tán 치다   62
弹钢琴 tán gāngqín 피아노를 치다   61
天安门 Tiān'ānmén 천안문   134
天气 tiānqì 날씨   178
天气预报 tiānqì yùbào 일기예보   183
条 tiáo 길을 세는 양사   134
听 tīng 듣다, 캔(양사)   60, 122
听说 tīngshuō 듣자하니   134
听音乐 tīng yīnyuè 음악을 듣다   61
同屋 tóngwū 룸메이트   183
头疼 tóuténg 머리가 아프다   167, 169
头晕 tóuyūn 어지럽다   169
兔 tù 토끼   131
图书馆 túshūguǎn 도서관   64, 96

색인

W

外边 wàibian 바깥쪽	145
晚 wǎn 늦다	110
晚安 wǎn'ān 잘 자	27
玩儿电脑游戏 wánr diànnǎo yóuxì 컴퓨터 게임을 하다	61
往 wǎng ~쪽으로, ~을 향하여	143
王丽 Wáng Lì 왕리(인명)	50
王伟 Wáng Wěi 왕웨이(인명)	38
卫生间 wèishēngjiān 화장실	73
我 wǒ 나	25
我们 wǒmen 우리	25

X

西边 xībian 서쪽	145
西瓜 xīguā 수박	121
习惯 xíguàn 습관(이 되다)	183
西红柿 xīhóngshì 토마토	121
喜欢 xǐhuan 좋아하다	60
下班 xiàbān 퇴근하다	107, 109
下边 xiàbian 아래(쪽)	142, 145
下个星期 xià ge xīngqī 다음 주	85
下个月 xià ge yuè 다음 달	85
下雨 xiàyǔ 비가 내리다	166
先 xiān 먼저	154
咸的 xián de 짠 것	181
现在 xiànzài 지금, 현재	74
香瓜 xiāngguā 참외	121
香蕉 xiāngjiāo 바나나	121
小 xiǎo 작다	133
小时 xiǎoshí 시간	108
小说 xiǎoshuō 소설	58
谢谢 xièxie 감사합니다(고맙습니다)	26
写信 xiě xìn 편지를 쓰다	61

行 xíng 괜찮다	171
姓 xìng 성이 ~이다	36
星期 xīngqī 주, 요일	83
行李 xíngli 짐	132
星期几 xīngqī jǐ 무슨 요일	83
休息 xiūxi 쉬다, 휴식하다	167
学生 xuésheng 학생	50, 97
学习 xuéxí 공부하다	59
学校 xuéxiào 학교	48, 73

Y

牙疼 yáténg 이가 아프다	169
演员 yǎnyuán 연기자	97
羊 yáng 양	131
要 yào 필요로 하다, ~을 하려고 하다, ~해야 한다	118, 155
药 yào 약	72
药店 yàodiàn 약국	72, 73
药方 yàofāng 처방전	171
药房 yàofáng 약국	171
也 yě ~도, 또한	38
爷爷 yéye 할아버지	49
衣服 yīfu 옷	76, 156
一共 yígòng 모두, 총	119
颐和园 Yíhéyuán 이허위엔	154
以后 yǐhòu ~후에	108
一会儿 yíhuìr 곧, 잠시	27
一起 yìqǐ 함께, 같이	62, 86
医生 yīshēng 의사	97, 98
一样 yíyàng 같다	180
医院 yīyuàn 병원	71, 73
一直 yìzhí 똑바로, 줄곧	143
银行 yínháng 은행	71, 73
音乐 yīnyuè 음악	60
有 yǒu ~을 가지고 있다	94

右 yòu 오른쪽	143	
右边 yòubian 오른쪽	145	
有点儿 yǒudiǎnr 조금	183	
邮局 yóujú 우체국	144	
有名 yǒumíng 유명하다	171	
油腻的 yóunì de 느끼한 것	181	
有意思 yǒu yìsi 재미있다	160	
又……又 yòu……yòu ~하기도 하고 ~하기도 하다	156	
远 yuǎn 멀다	144	
月 yuè 월	82	

Z

在 zài ~에서, ~가 ~에 있다	59, 70
再 zài 다시	27
再见 zàijiàn 잘 가, 안녕[헤어질 때 하는 인사]	27
早饭 zǎofàn 아침식사	107
怎么 zěnme 어떻게	120
怎么样 zěnmeyàng 어떠한가	110
站 zhàn 정류장	155
这 zhè 이, 이것	47
这儿 zhèr 이곳, 여기	71, 144
这个星期 zhè ge xīngqī 이번 주	85
这个月 zhè ge yuè 이번 달	85
这里 zhèli 이곳, 여기	71
只 zhǐ 겨우, 단지	144
重 zhòng 무겁다	132
中国人 Zhōngguórén 중국인	46
中国银行 Zhōngguó Yínháng 중국은행	142
中间 zhōngjiān 가운데	145
猪 zhū 돼지	131
祝贺 zhùhè 축하하다	86
壮 zhuàng 건장하다, 튼튼하다	180
紫禁城 Zǐjìnchéng 쯔진청(자금성)	91
自行车 zìxíngchē 자전거	154, 157
走 zǒu 걸어가다	143
最近 zuìjìn 최근, 요즘	183
左 zuǒ 왼쪽	143
做 zuò ~을 하다	58
坐 zuò 앉다, 타다	72
左边 zuǒbian 왼쪽	145
昨天 zuótiān 어제	85
左右 zuǒyòu 정도, 쯤	132

다락원 홈페이지에서 MP3 파일
다운로드 및 실시간 재생 서비스

힘내라! 독학 중국어 첫걸음

지은이 다락원 중국어출판부
펴낸이 정규도
펴낸곳 (주)다락원

디자인 개정판 1쇄 발행 2017년 6월 20일
디자인 개정판 6쇄 발행 2026년 1월 2일

기획·편집 오혜령, 이상윤
디자인 하태호, 최영란
삽화 양혜진, 김문수, 민효인
녹음 한국어 김수진
　　　중국어 위하이펑(于海峰), 차오홍메이(曹红梅)

 다락원

주소 경기도 파주시 문발로 211
전화 (02)736-2031(내선 250~252/ 내선 430, 435)
팩스 (02)732-2037
출판등록 1977년 9월 16일 제406-2008-000007호

디자인 개정판 Copyright ⓒ 2017, 다락원

저자 및 출판사의 허락 없이 이 책의 일부 또는 전부를 무단 복제·전재·발췌 할 수 없습니다. 구입 후 철회는 회사 내규에 부합하는 경우에 가능하므로 구입처에 문의하시기 바랍니다. 분실·파손 등에 따른 소비자 피해에 대해서는 공정거래위원회에서 고시한 소비자 분쟁 해결 기준에 따라 보상 가능합니다. 잘못된 책은 바꿔 드립니다.

본 『힘내라! 독학 중국어 첫걸음』은 『다락원 중국어 첫걸음(2009년 다락원 刊)』의 디자인 개정판 교재로, 내용 상에는 차이가 없음을 알려 드립니다.

ISBN 978-89-277-2211-3 18720

www.darakwon.co.kr
· 다락원 홈페이지를 방문하시면 상세한 출판 정보와 함께 동영상 강의, MP3 자료 등 다양한 어학 정보를 얻으실 수 있습니다.
· 다락원 홈페이지에서 "힘내라! 독학 중국어 첫걸음"을 검색하시거나 표지의 QR코드를 스캔하시면 동영상 강의와 MP3 파일 및 관련 자료를 이용하실 수 있습니다.

힘내라! 독학 중국어 첫걸음

다락원 중국어출판부 편
정명숙 감수

간체자 쓰기 노트

다락원

간체자란?

간체자란 우리가 말하는 약자(略字)로 글자체를 줄여서 만든 글자를 말합니다. 한자가 글자의 획수가 많아 쓰기가 번거롭고 어려운 문제를 해결하기 위해 1956년 중국 대륙에서 약 2,200여 자의 간체자를 만들어 정식으로 공포하여 현재까지 중국 대륙에서만 사용하고 있습니다.
현재 대만 및 싱가폴, 말레이시아 등의 국가와 해외의 화교 학교에서 사용하는 원래의 정자로 된 한자는 번체자라고 합니다.
참고로 우리나라에서는 1992년 중국과 수교 이후 거의 대부분의 학교에서 간체자로 된 중국 대륙 식의 중국어 교재를 사용하고 있습니다.

한자의 글자수는 얼마나 될까?

지금까지 중국에서 만들어진 한자 수는 약 5만여 자이지만 현재 중국에서 고등학교 과정까지 배우고 일상 생활에서 실제 사용하는 상용한자는 약 2,300여 자입니다.
우리나라에서 배우는 상용한자는 교육부에서 지정한 중학교 900자, 고등학교 900자를 합쳐 총 1,800자입니다.

간체자가 만들어지는 원리

간체자는 아래와 같은 원리를 이용해서 만들어졌습니다.

간체자가 만들어지는 원리	예
1 전체 윤곽만 남긴다. 伞(傘), 우산 산(傘)자의 전체 윤곽인 人十을 남기고 안의 복잡한 부분을 생략했습니다.	气(氣), 广(廣), 马(馬)
2 고대에 사용된 글자를 채택한다. 无(無), 고대 중국에서 써왔던 한자를 그대로 쓰는 방식으로, 고대에는 무(無)를 无로 표기했습니다.	万(萬), 泪(淚), 礼(禮)
3 초서체를 본떠서 만든다. 长(長), 길 장(長)자의 초서체인 长을 본떠서 만들었습니다.	车(車), 兴(興), 专(專)
4 부분 편방을 줄이거나 생략한다. 标(標), 부수인 木자는 그대로 두고 편방의 票자를 示로 줄였습니다.	标(標), 竞(競), 亏(虧)
5 필획을 줄인다. 单(單), 홀 단(單)자의 입 구(口) 변을 〃로 줄였습니다.	奖(獎), 门(門)
6 글자의 일부분만 남긴다. 飞(飛), 날 비(飛)자의 특정 부분인 飞만 남기고 나머지 부분을 생략했습니다.	声(聲), 习(習), 乡(鄕)
7 글자의 복잡한 부분을 간단한 부호로 바꾼다. 欢(歡), 기쁠 환(歡)자의 편방인 雚을 又로 대체해서 부호화시킨 것입니다.	难(難), 鸡(鷄), 汉(漢)
8 발음이 비슷한 부수나 글자로 복잡한 부분을 대신한다. 远(遠), 멀 원(遠)자 안의 원(袁)과 같은 발음이며 획수가 적은 元으로 대체합니다.	亿(億), 远(遠), 邮(郵)
9 발음이 같은 글자로 복잡한 글자를 대신한다. 台(臺), 대 대(臺)자를 발음이 같은 台자로 대신합니다.	系(繫), 几(幾), 后(後)
10 간단한 필획으로 새로운 형성자를 만든다. 惊(驚), 형성자란 두 글자를 합해서 만든 글자로 한 쪽은 뜻을, 다른 한쪽은 음을 나타냅니다. 놀랄 경(驚)자는 말(馬)이 놀라는 모습을 나타내는 글자로 말 마(馬)가 뜻이 되고 경(敬)이 음 부분이 됩니다. 그런데 이 글자를 간체자로 바꾸면서 놀라는 마음(忄)을 뜻으로, 경(京)자를 음으로 하여 새로운 형성자를 만들었습니다.	础(礎), 铜(銅)
11 간단한 필획으로 새로운 회의자를 만든다. 众(衆), 회의자란 뜻을 모아서 만든 글자를 말하는데 무리 중(衆)자는 사람들이 모여있는 모양, 즉 '무리'라는 뜻이므로 사람 인(人)자 3개를 모아서 만들었습니다.	宝(寶), 尘(塵)

꼭 익혀 두어야 할 간체자 형태

중국어에서 기본이 되는 간체자 형태는 아래와 같습니다.

간체자 형태	정자	발음	뜻	예
讠	言	yán	말씀 언	说, 语, 译
门	門	mén	문 문	们, 闻, 问
饣	食	shí	밥 식	饭, 饮, 饺
马	馬	mǎ	말 마	吗, 妈, 码
韦	韋	wéi	가죽 위	韩, 伟, 玮
车	車	chē	수레 차	军, 轻, 转
贝	貝	bèi	조개 패	败, 贵, 员
见	見	jiàn	볼 견	现, 观, 视
钅	金	jīn	쇠 금	银, 铜, 钱
鸟	鳥	niǎo	새 조	鸡, 鹤, 鸭
龙	龍	lóng	용 룡	笼, 垄, 聋

간체자 쓰기 순서

한자는 글자마다 쓰는 순서가 있습니다. 기본적인 순서는 꼭 숙지해 두세요.

글자 쓰는 순서	예
1. 좌에서 우로 쓴다.	观, 妈
2. 위에서 아래로 쓴다.	黄, 龙
3. 둘러싼 모양부터 먼저 쓴다.	问, 间
4. 좌우 대칭은 가운데부터 먼저 쓴다.	尘, 光
5. 받침을 먼저 쓴다.	赵, 尴
6. 받침을 나중에 쓴다.	进, 还

2과 간체자 쓰기

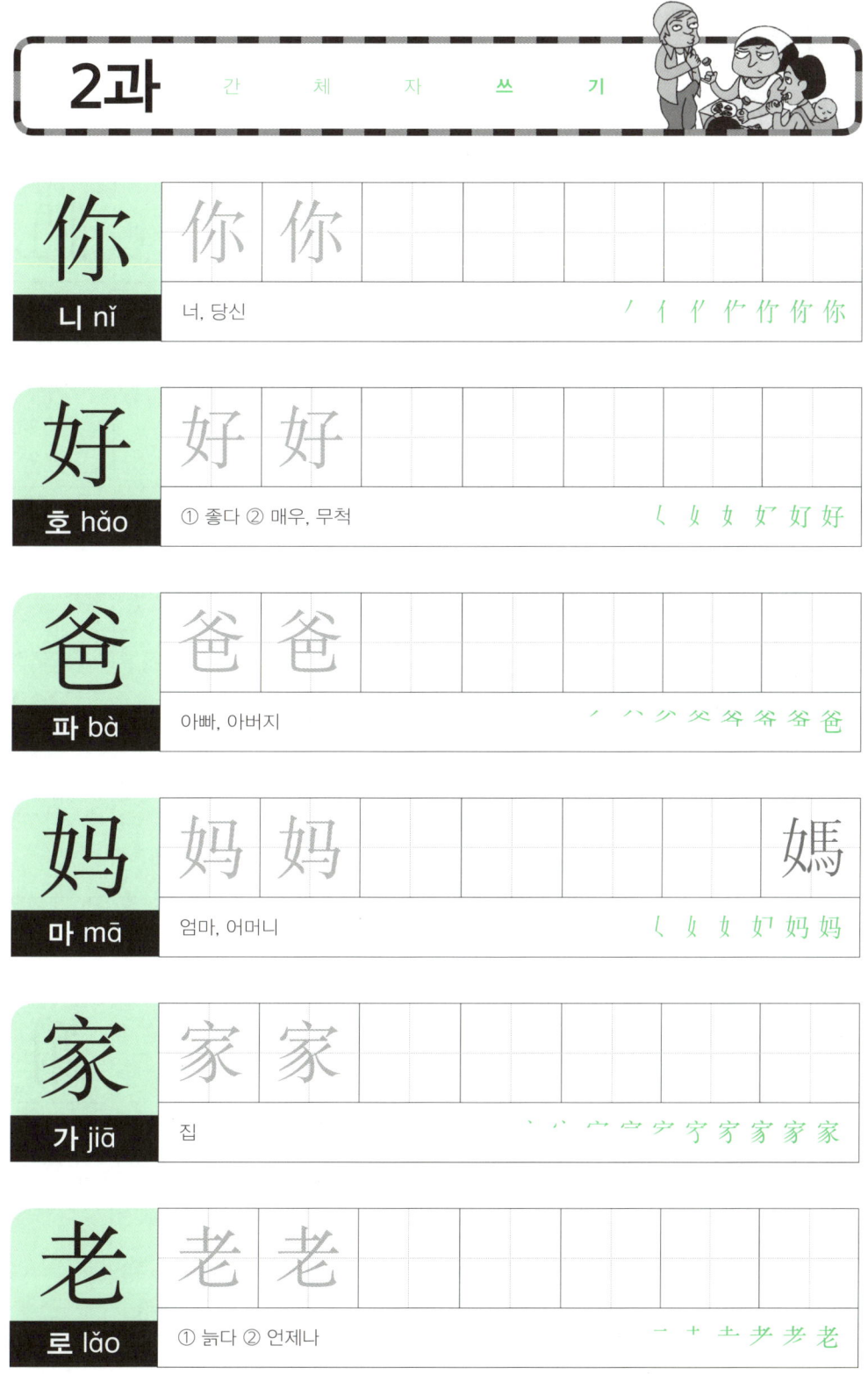

你 니 nǐ — 너, 당신
ノ 亻 亻 仁 仁 你 你

好 호 hǎo — ① 좋다 ② 매우, 무척
乚 女 女 女 好 好

爸 파 bà — 아빠, 아버지
ノ 八 尒 父 父 爷 爷 爸

妈 마 mā — 엄마, 어머니 (媽)
乚 女 女 女 妈 妈

家 가 jiā — 집
丶 宀 宀 宀 宁 宁 宇 家 家 家

老 로 lǎo — ① 늙다 ② 언제나
一 十 土 耂 老 老

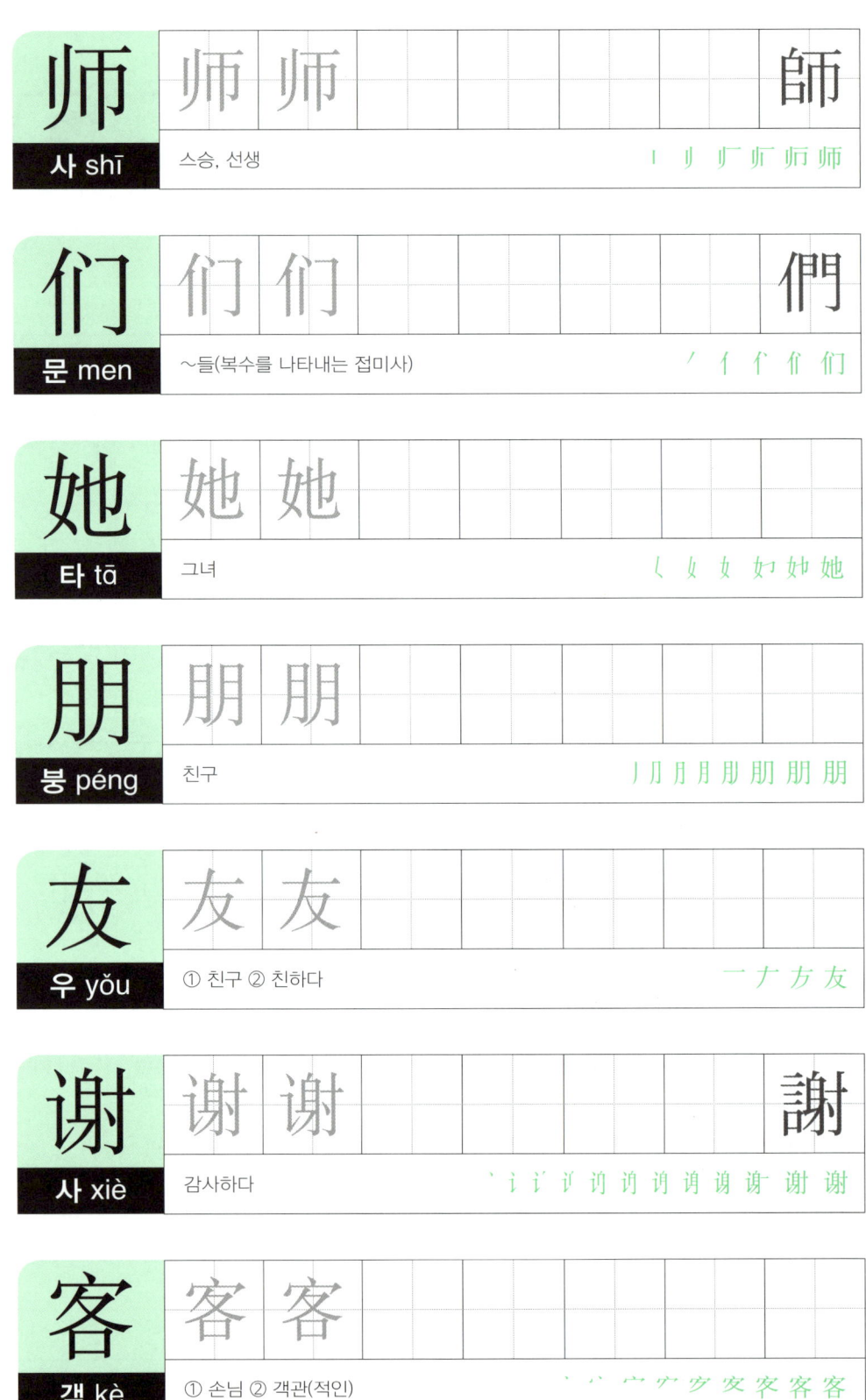

| 天 천 tiān | 天 天 | | | | | | ① 날, 하루 ② 하늘 | 一 二 于 天 |

| 晚 만 wǎn | 晚 晚 | | | | | | ① 저녁 ② 늦은 | 丨 冂 冃 日 旷 旷 晬 晚 晚 晚 |

3과 간체자 쓰기

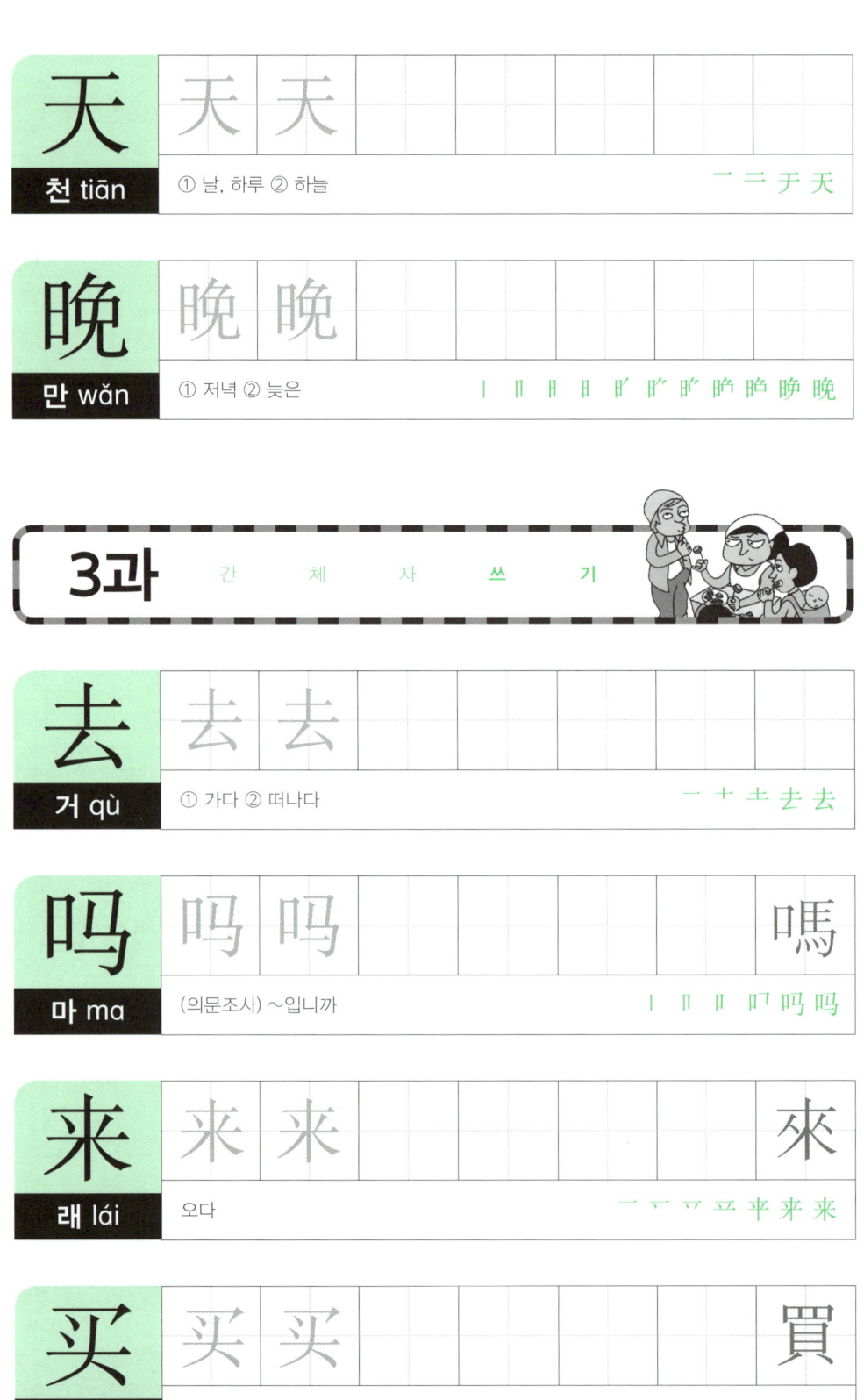

| 去 거 qù | 去 去 | | | | | | ① 가다 ② 떠나다 | 一 十 土 去 去 |

| 吗 마 ma | 吗 吗 | | | | | 嗎 | (의문조사) ~입니까 | 丨 冂 日 吖 吗 吗 |

| 来 래 lái | 来 来 | | | | | 來 | 오다 | 一 厂 厂 平 平 来 来 |

| 买 매 mǎi | 买 买 | | | | | 買 | 사다 | 一 乛 乛 平 买 买 |

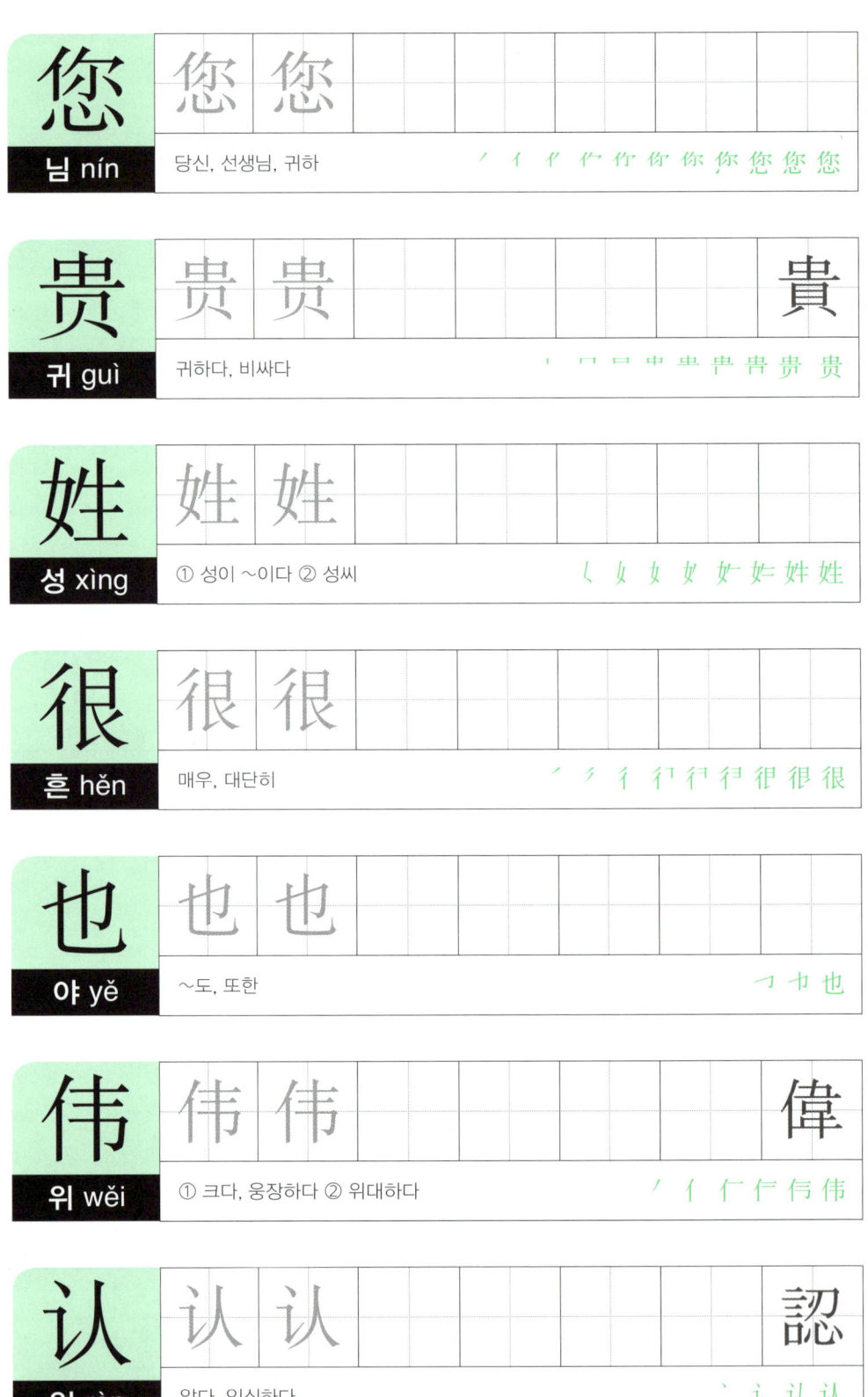

识	识	识						識
식 shí	알다							`丶讠识识识识`

高	高	高						高
고 gāo	① (수준이) 높다 ② (키가) 크다							`丶亠亠产产产高高高高`

兴	兴	兴						興
흥 xìng	흥미, 재미							`丶丶丶丷兴兴`

4과 간체자 쓰기

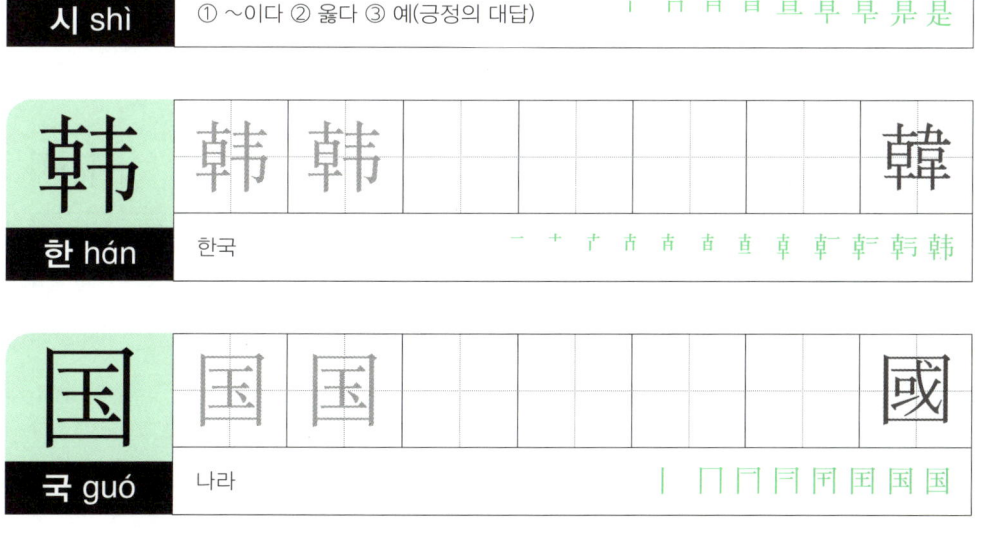

是	是	是						
시 shì	① ~이다 ② 옳다 ③ 예(긍정의 대답)							`丨冂月日旦早早是是`

韩	韩	韩						韓
한 hán	한국							`一十十古古古直卓卓韩韩韩`

国	国	国						國
국 guó	나라							`丨冂冂月囯国国国`

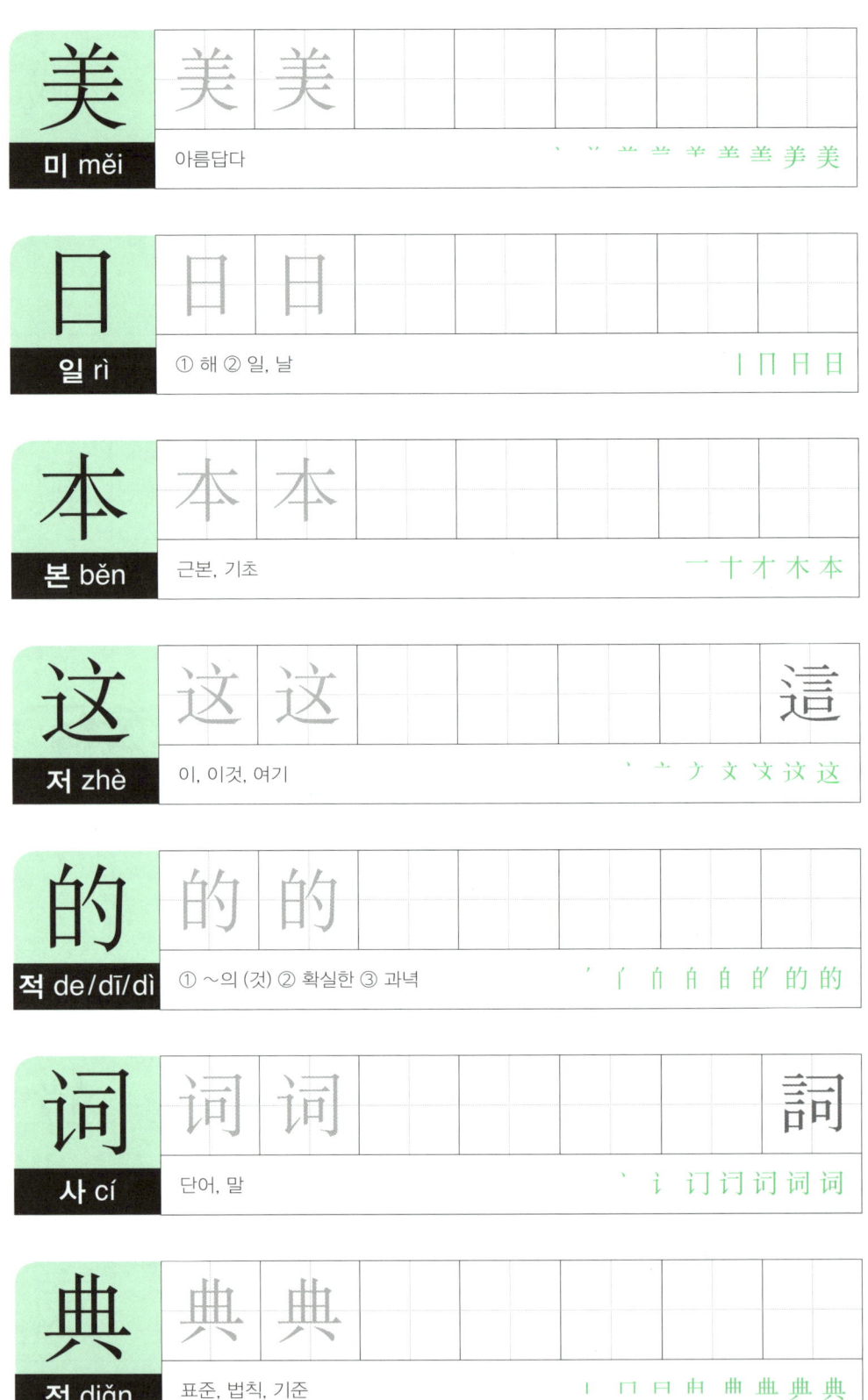

机	机 机						機
기 jī	기계				一 十 才 木 机 机		

5과 간체자 쓰기

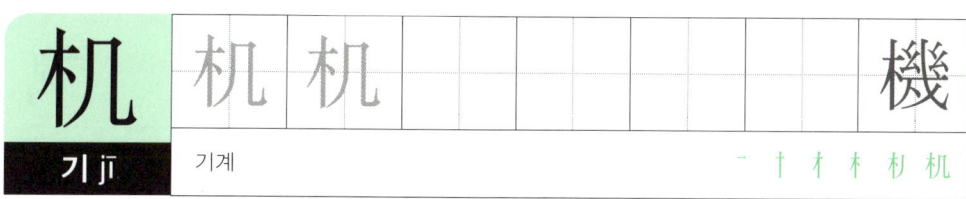

做	做 做					
주 zuò	① ~을 하다 ② 만들다			ノ 亻 亻 什 什 仕 估 估 做 做 做		

看	看 看					
간 kàn	보다			一 二 三 手 手 看 看 看 看		

书	书 书					書
서 shū	책				ㄱ ㄹ 书 书	

吃	吃 吃					
흘 chī	먹다			丨 口 口 吖 吃 吃		

饭	饭 饭					飯
반 fàn	밥, 식사				ノ ㇉ 饣 饣 饣 饭 饭	

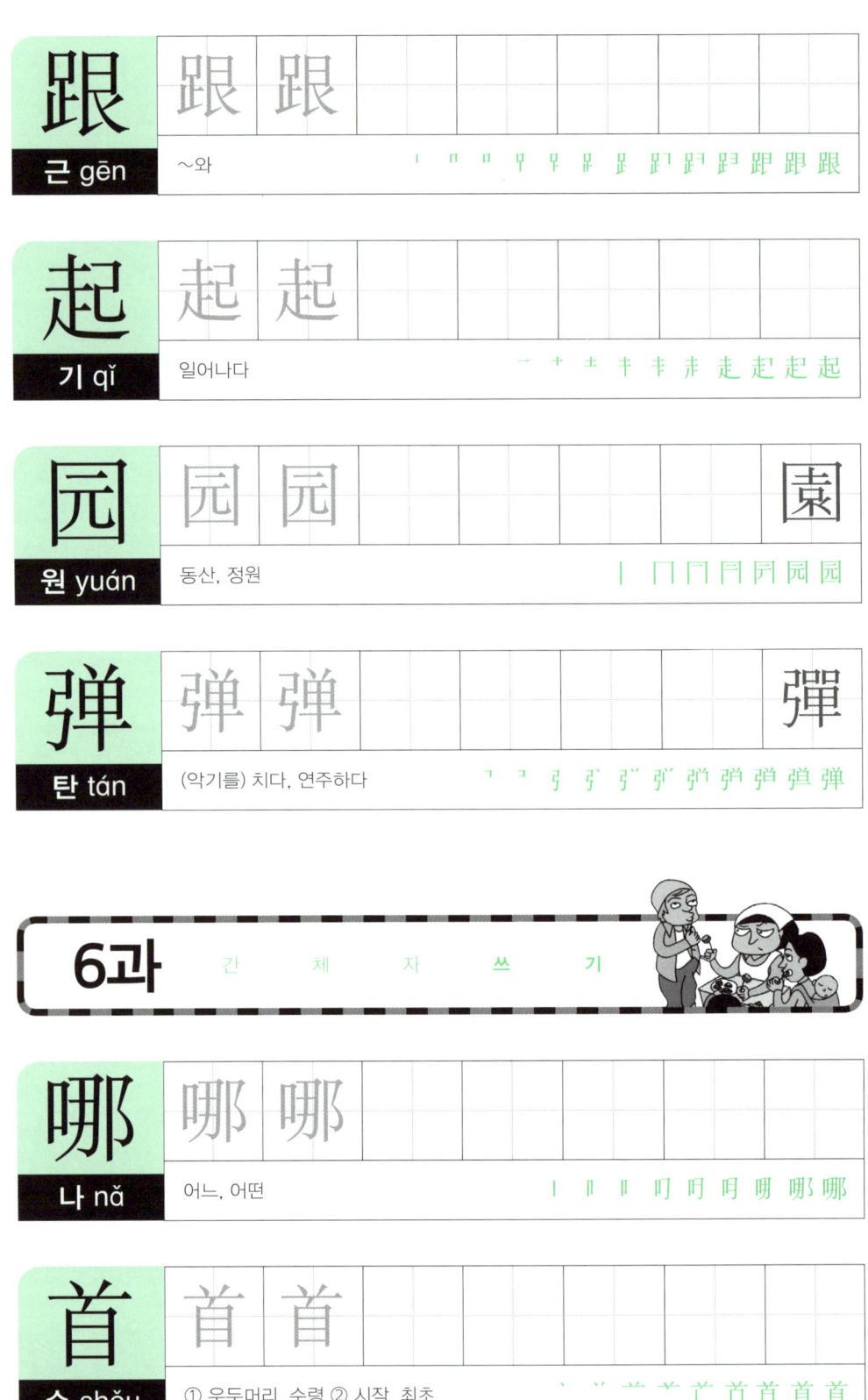

跟 근 gēn	跟 跟
	~와

起 기 qǐ	起 起
	일어나다

园 원 yuán	园 园 園
	동산, 정원

弹 탄 tán	弹 弹 彈
	(악기를) 치다, 연주하다

6과   간체자 쓰기

哪 나 nǎ	哪 哪
	어느, 어떤

首 수 shǒu	首 首
	① 우두머리, 수령 ② 시작, 최초

7과 간체자 쓰기

| 花 화 huā | 花 | 花 | | | | | | | 一 十 艹 艹 芝 花 花 |

꽃

| 祝 축 zhù | 祝 | 祝 | | | | | | 祝 | 丶 ㇇ 礻 礻 衤 祀 祀 祝 祝 |

축하하다

| 贺 하 hè | 贺 | 贺 | | | | | | 賀 | 一 力 カ 加 加 加 智 贺 贺 |

축하하다

| 放 방 fàng | 放 | 放 | | | | | | | 丶 亠 方 方 放 放 放 放 |

놓다

| 假 가 jià | 假 | 假 | | | | | | | 丿 亻 亻 亻 们 伊 伊 假 假 |

휴가, 휴일

8과 간체자 쓰기

| 图 도 tú | 图 | 图 | | | | | | 圖 | 丨 冂 冂 冈 冈 图 图 图 |

그림

24

9과 간체자 쓰기

点 점 diǎn	点 点 點
	시(時) 丨 卜 占 占 占 占 点 点

分 분 fēn	分 分
	① (시간의) 분 ② 점(성적이나 경기 점수) 丿 八 分 分

半 반 bàn	半 半
	절반 丶 丷 半 半

午 오 wǔ	午 午
	① 정오 ② 오(12지의 일곱 번째) 丿 丄 丆 午

刻 각 kè	刻 刻
	새기다 丶 亠 亥 亥 亥 刻 刻

班 반 bān	班 班
	① 근무, 근무시간 ② 반, 조 一 二 千 王 王 玑 班 班 班

样 樣						
양 yàng	모양			一 十 才 木 术 样 样 样 样		

10과 간체자 쓰기

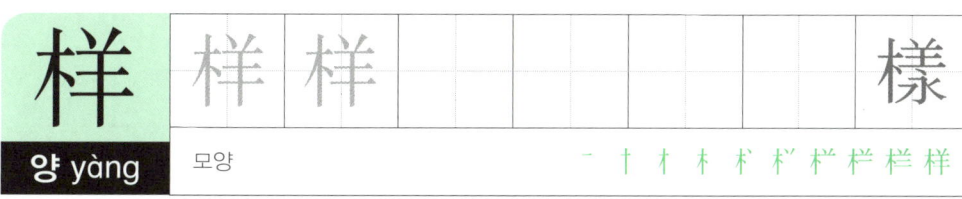

瓶 瓶						
병 píng	병			丶 丷 并 并 并 瓶 瓶 瓶		

啤 啤						
비 pí	맥주			丨 口 口 口 甲 呻 呻 啤 啤		

酒 酒						
주 jiǔ	술			丶 氵 氵 汀 沂 洒 酒 酒 酒		

共 共						
공 gòng	① 전부, 모두, 통틀어 ② 같이 ③ 공유하다			一 十 廿 共 共 共		

多 多						
다 duō	많다			丿 夕 夕 多 多 多		

29

11과 간체자 쓰기

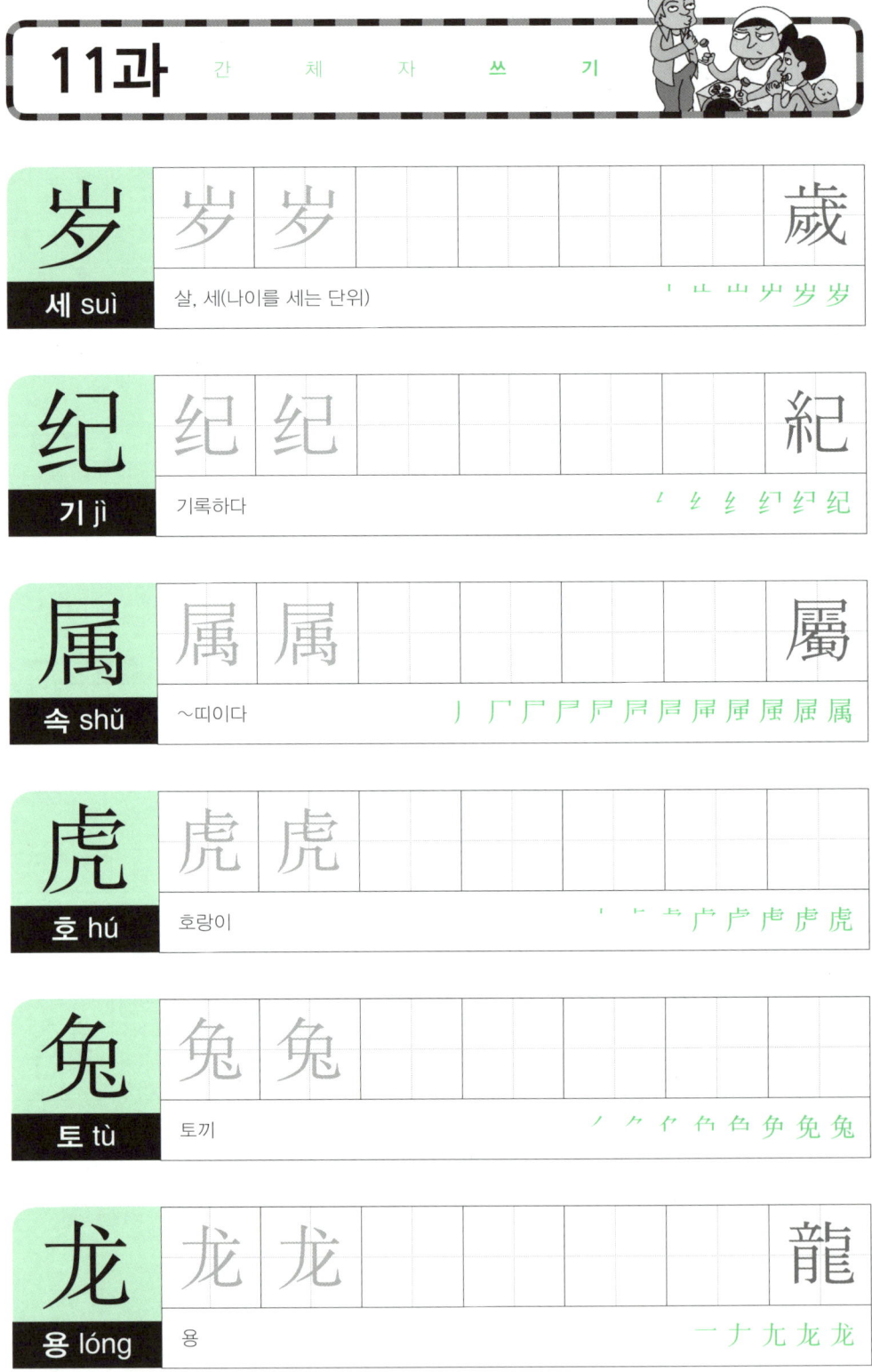

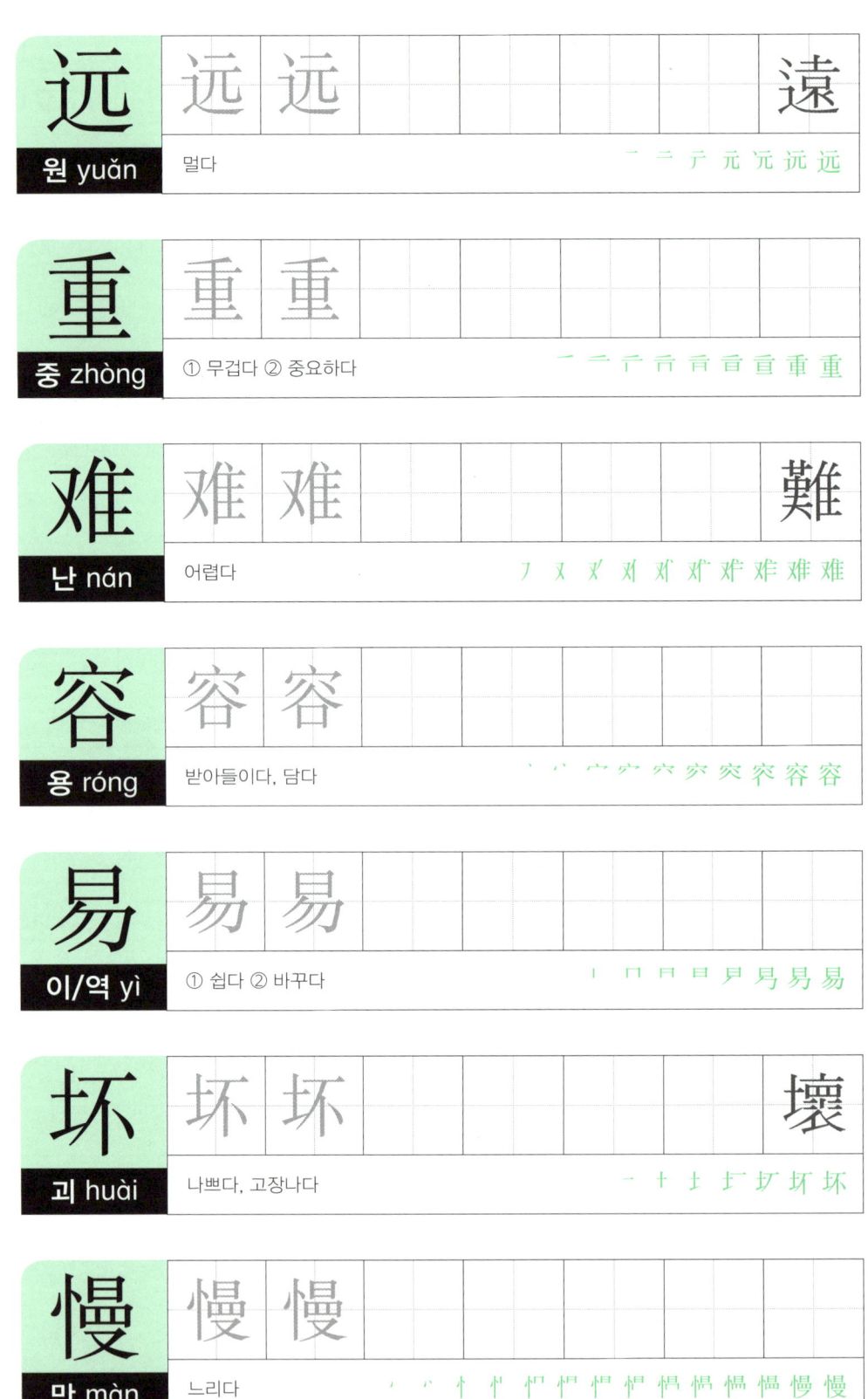

门	门	门						門
문 mén	문							`丶丷门`

条	条	条						條
조 tiáo	가늘고 긴 것(길을 세는 단위)							`丿夂夂冬夅条条`

路	路	路						
로 lù	길							`丨 丨 ㅁ ㅁ 무 무 무 무 무 무 跫 路 路 路`

12과 간체자 쓰기

请	请	请						請
청 qǐng	청하다							`丶 讠 讠 讠 诗 请 请 请 请`

问	问	问						問
문 wèn	묻다							`丶门门问问问`

边	边	边						邊
변 bian/biān	쪽, 가장자리							`フ カ カ 边 边`

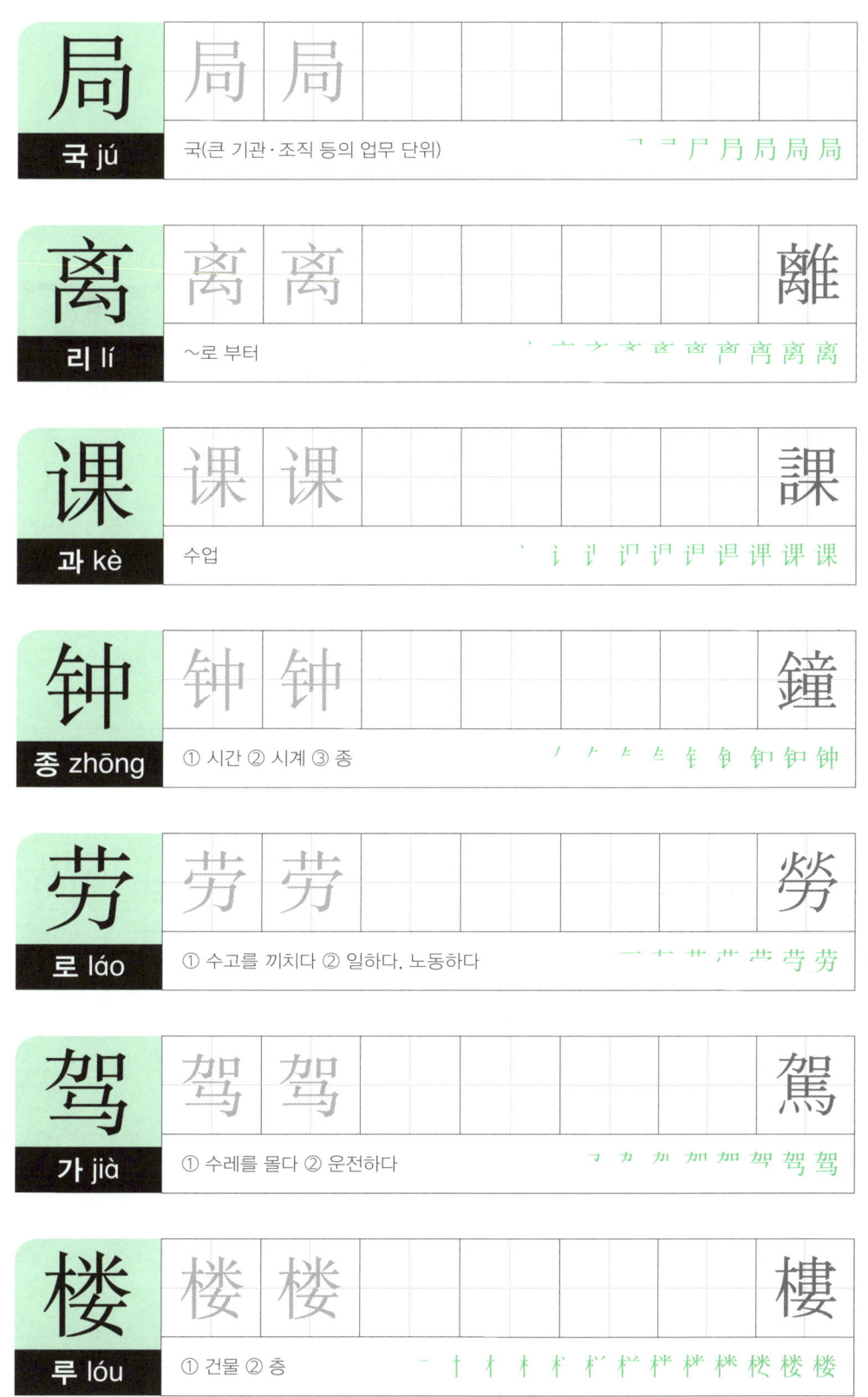

就	就 就								
취 jiù	바로, 곧	丶 亠 亠 冃 占 亨 亨 京 京 亰 就 就

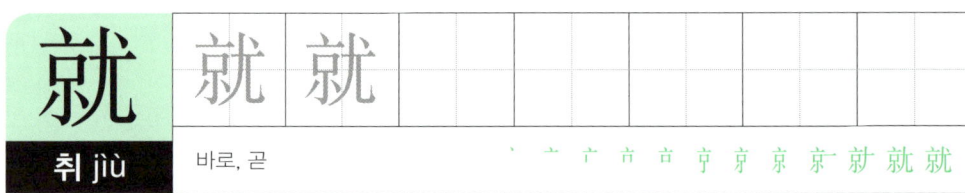

13과 간체자 쓰기

颐	颐 颐								颐
이 yí	휴양하다	一 厂 匚 丆 丙 臣 臣 匝 匝 匝 颐 颐 颐

先	先 先								
선 xiān	먼저, 우선	丿 ⺋ 生 步 先 先

过	过 过								過
과 guò	건너다	一 寸 寸 寸 过 过

然	然 然								
연 rán	① 맞다, 그렇다 ② 이와 같은	丿 ⺈ 夕 夕 夕 ⺈ 妖 然 然 然 然 然

汽	汽 汽								
기 qì	① 증기 ② 기체	丶 冫 氵 氵 沪 沪 汽

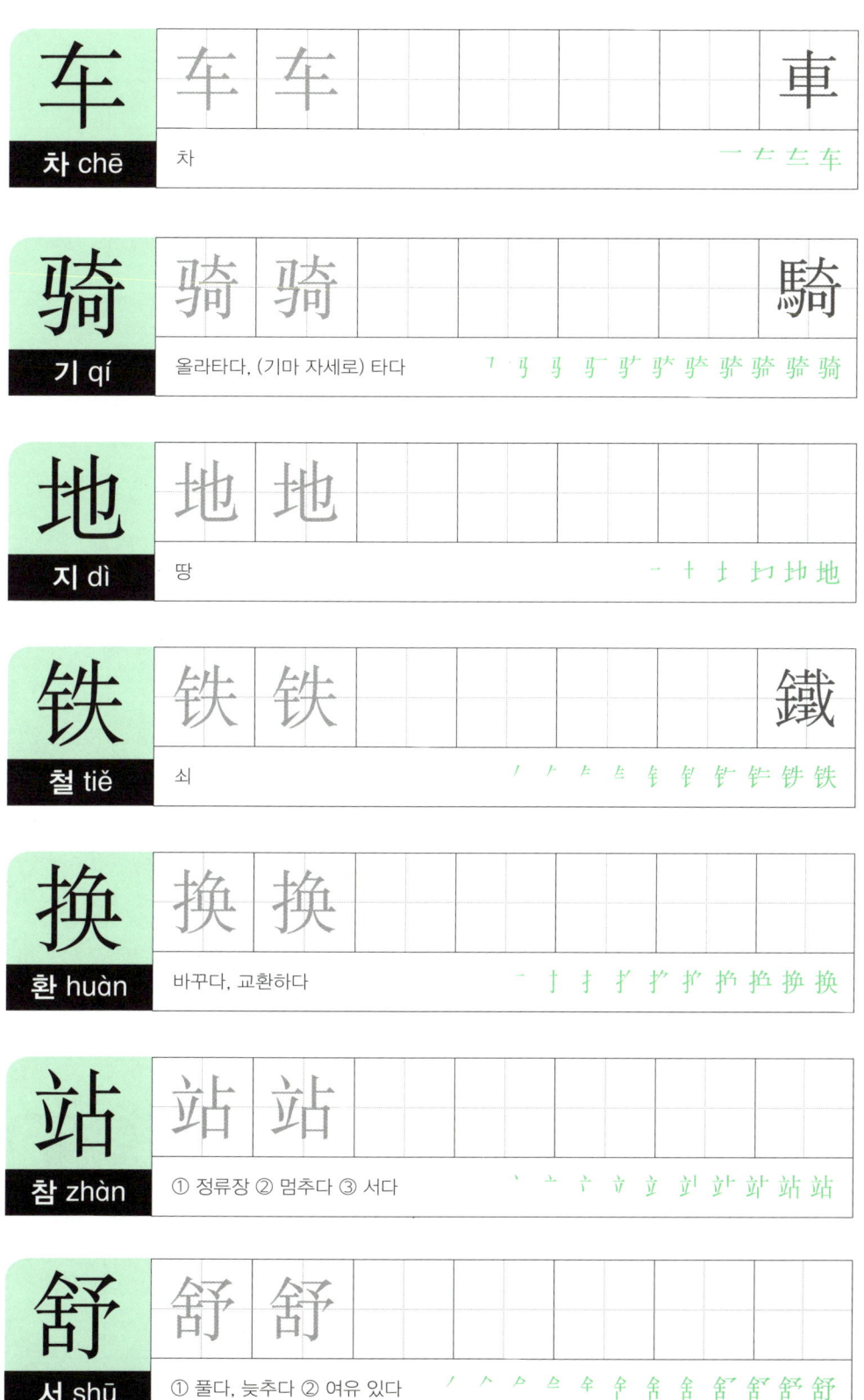

服	服	服							

복 fú ① 의복 ② 맡다 　　ノ 几 月 月 月ˊ 朋 服 服

租	租	租							

조 zū 세내다, 빌리다 　　一 二 千 禾 禾 利 和 租 租 租

摩	摩	摩							

마 mó 마찰하다, 비비다 　　一 广 广 广 广 庐 庐 麻 麻 麼 麼 摩

托	托	托							

탁 tuō 맡기다, 의탁하다 　　一 十 扌 扌 托 托

船	船	船							

선 chuán 배, 선박 　　ノ 丿 月 月 舟 舟 舟ˊ 船 船 船

14과　간 체 자 쓰 기

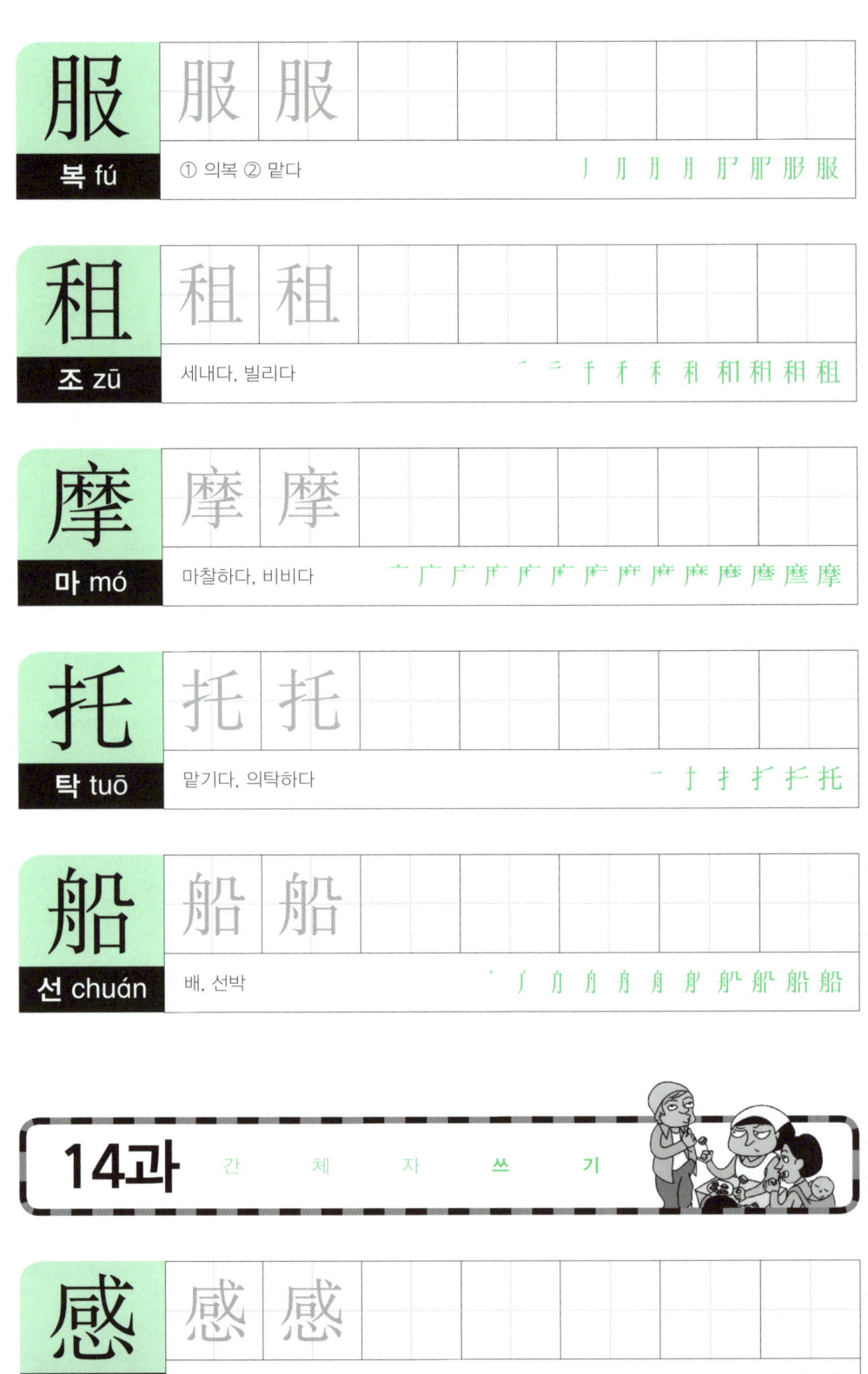

感	感	感							

감 gǎn 느끼다 　　一 厂 厂 厂 后 后 咸 咸 咸 感 感 感

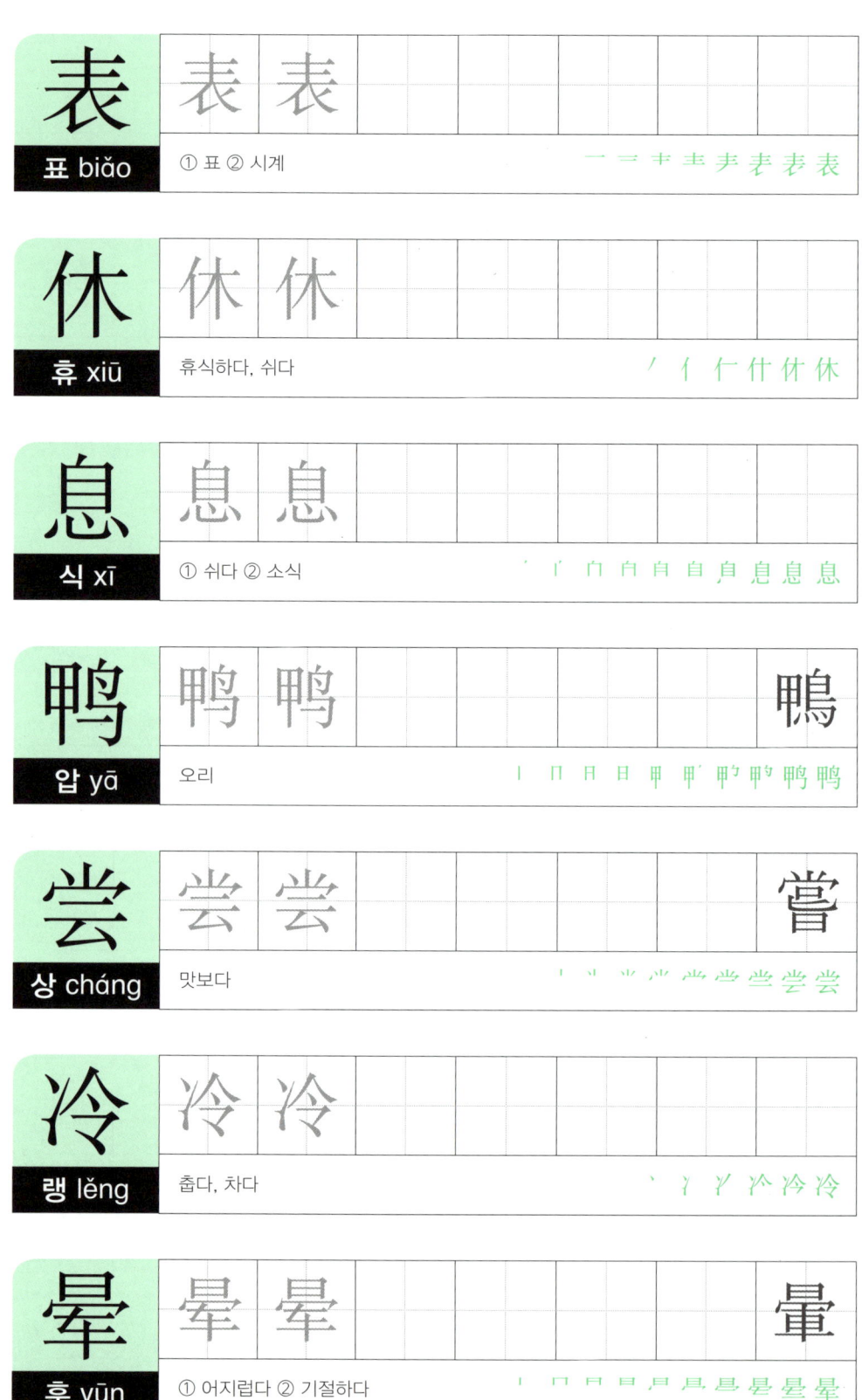

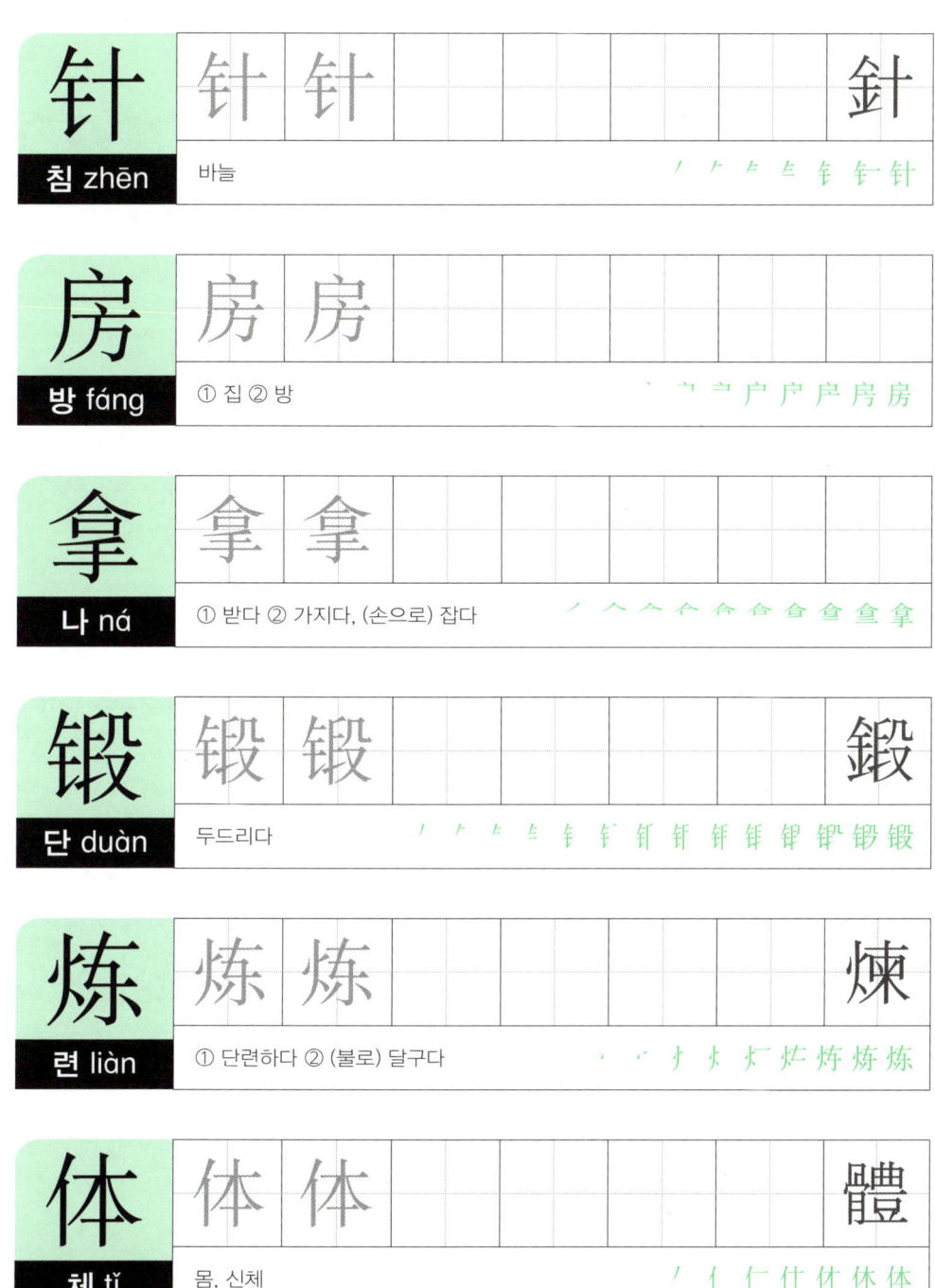

15과 간체자 쓰기

健 건 jiàn
健 健
① 건강하다 ② 강하게 하다
丿 亻 亻 亻 亻 亻 亻 伊 伊 健 健

康 강 kāng
康 康
건강하다, 평안하다
丶 亠 广 庐 庐 庐 唐 康 康 康

漂 표 piào
漂 漂
(일 따위가) 허사가 되다
丶 丶 氵 氵 沪 沪 沪 湮 湮 漂 漂 漂

亮 량 liàng
亮 亮
밝다, 환하다
丶 亠 广 古 古 声 声 亮 亮

凉 량 liáng
凉 凉
서늘하다, 선선하다
丶 丶 冫 广 广 广 沪 凉 凉

快 쾌 kuài
快 快
① 유쾌하다 ② 빠르다
丶 丶 忄 忄 忄 快 快

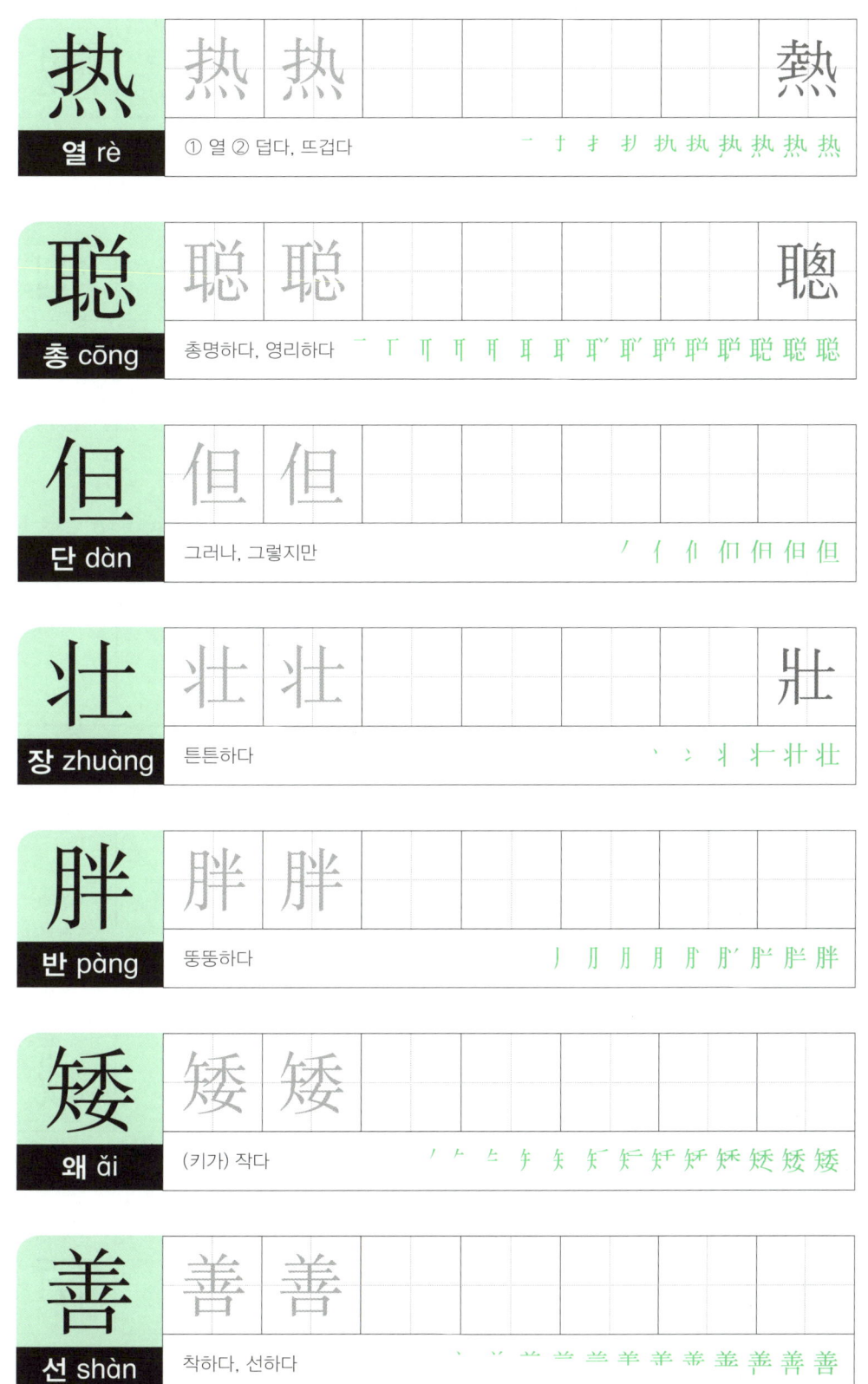

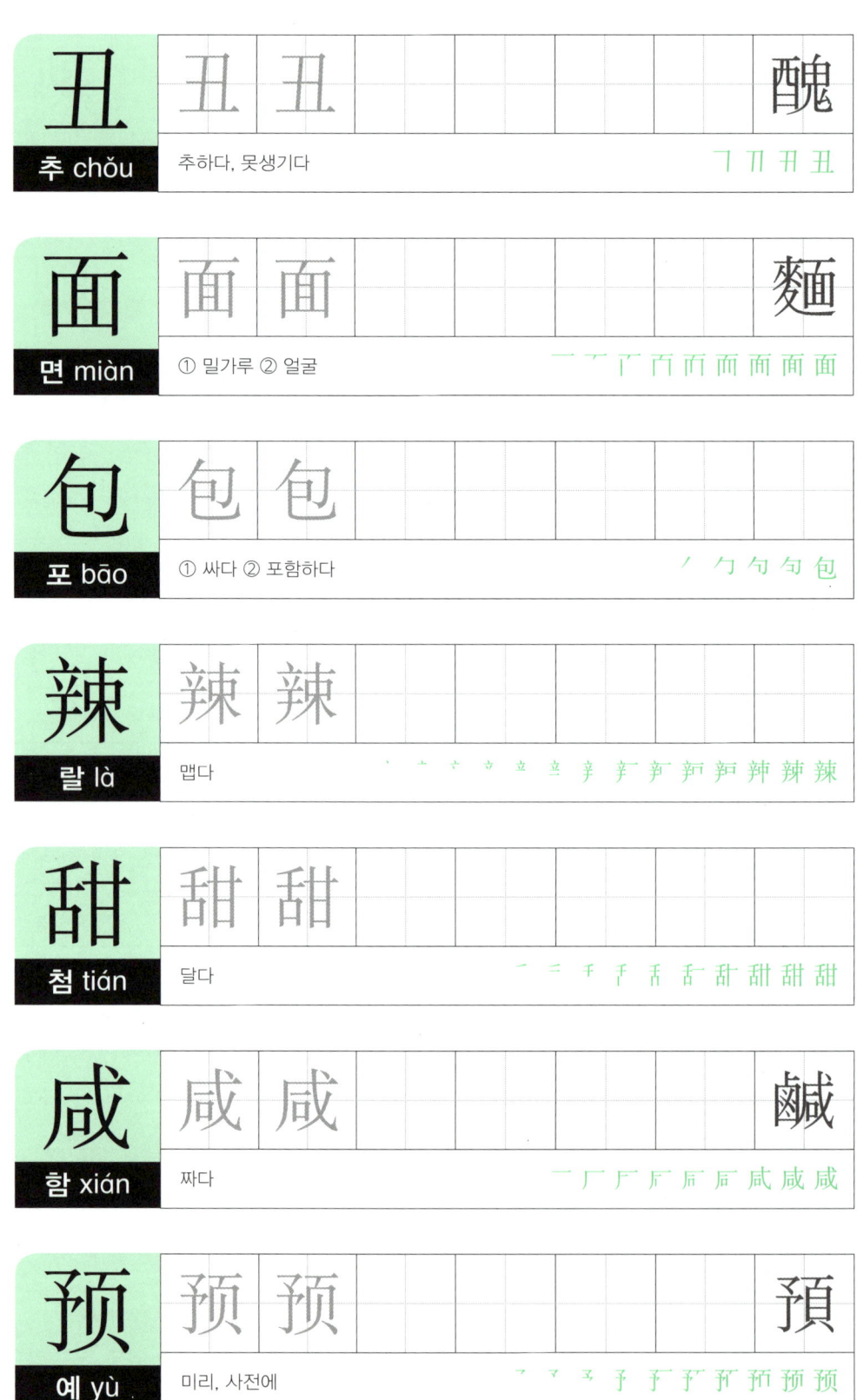

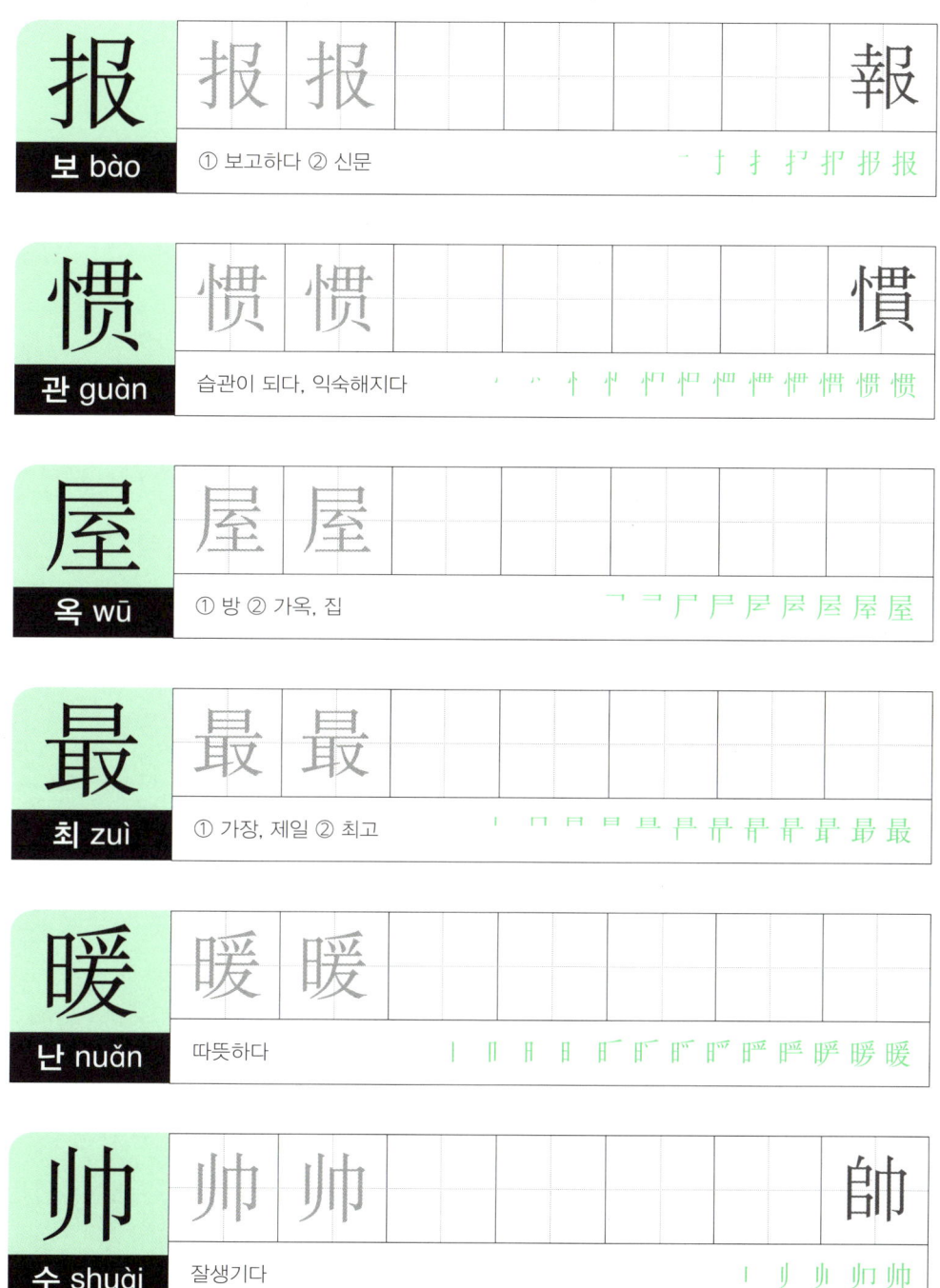

힘내라! 독학 중국어 첫걸음 간체자 쓰기 노트

지은이	다락원 중국어출판부
펴낸이	정규도
펴낸곳	(주)다락원

기획·편집	오혜령, 이상윤
디자인	하태호, 최영란
삽화	양혜진, 김문수, 민효인
녹음	한국어 김수진
	중국어 위하이펑(于海峰), 차오홍메이(曹红梅)

다락원

주소	경기도 파주시 문발로 211
전화	(02)736-2031 (내선 250~252 / 내선 430, 435)
팩스	(02)732-2037
출판등록	1977년 9월 16일 제406-2008-000007호

디자인 개정판 Copyright ⓒ 2017, 다락원

저자 및 출판사의 허락 없이 이 책의 일부 또는 전부를 무단 복제·전재·발췌 할 수 없습니다. 구입 후 철회는 회사 내규에 부합하는 경우에 가능하므로 구입처에 문의하시기 바랍니다. 분실·파손 등에 따른 소비자 피해에 대해서는 공정거래위원회에서 고시한 소비자 분쟁 해결 기준에 따라 보상 가능합니다. 잘못된 책은 바꿔 드립니다.

본 『힘내라! 독학 중국어 첫걸음』은 『다락원 중국어 첫걸음(2009년 다락원 刊)』의 디자인 개정판 교재로, 내용 상에는 차이가 없음을 알려 드립니다.

---

www.darakwon.co.kr
· 다락원 홈페이지를 방문하시면 상세한 출판 정보와 함께 동영상 강의, MP3 자료 등 다양한 어학 정보를 얻으실 수 있습니다.
· 다락원 홈페이지에서 "힘내라! 독학 중국어 첫걸음"을 검색하시거나 표지의 QR코드를 스캔하시면 동영상 강의와 MP3 파일 및 관련자료를 이용하실 수 있습니다.

힘내라! 독학 중국어 첫걸음

간체자 쓰기 노트